Kauderwelsch
Band 145

Impressum

Günter Spitzing
Basã Bali (Balinesisch) – Wort für Wort
erschienen im
REISE KNOW-HOW Verlag Peter Rump GmbH
Osnabrücker Str. 79, D-33649 Bielefeld
info@reise-know-how.de

1. Auflage 2004

Bearbeitung & Layout Elfi H. M. Gilissen
Layout-Konzept Günter Pawlak, FaktorZwo! Bielefeld
Umschlag Peter Rump (Titelfoto: Gunda Urban)
Kartografie Iain Macneish
Fotos Gunda Urban
Druck und Bindung Fuldaer Verlagsagentur, Fulda

ISBN 3-89416-515-4
Printed in Germany

Dieses Buch ist erhältlich in jeder Buchhandlung der BRD, Österreichs, der Schweiz und der Benelux. Bitte informieren Sie Ihren Buchhändler über folgende Bezugsadressen:
BRD Prolit GmbH, Postfach 9, D-35461 Fernwald (Annerod) sowie alle Barsortimente
Schweiz AVA-buch 2000, Postfach 27, CH-8910 Affoltern
Österreich Mohr Morawa Buchvertrieb GmbH, Sulzengasse 2, A-1230 Wien
Belgien & Niederlande Willems Adventure, Postbus 403, NL-3140AK Maassluis
direkt Wer im Buchhandel kein Glück hat, bekommt unsere Bücher zuzüglich Porto- und Verpackungskosten auch direkt beim **Rump Direktversand,** Heidekampstr. 18, D-49809 Lingen oder über unseren Internet-Shop: **www.reise-know-how.de**
Zu diesem Buch ist ein **Tonträger** erhältlich, ebenfalls in jeder Buchhandlung der BRD, Österreichs, der Schweiz und der Beneluxländer.
Der Verlag möchte die **Reihe Kauderwelsch** weiter ausbauen und **sucht Autoren!**
Mehr Informationen finden Sie auf unserer Internetseite
www.reise-know-how.de/buecher/special/schreiblust-inhalt.html

Kauderwelsch

Günter Spitzing

Basā Bali (Balinesisch)

Wort für Wort

Kauderwelsch-Sprechführer sind anders!

Warum? Weil sie Sie in die Lage versetzen, wirklich zu sprechen und die Leute zu verstehen.

Wie wird das gemacht? Abgesehen von dem, was jedes Sprachbuch bietet, nämlich Vokabeln, Beispielsätze etc., zeichnen sich die Bände der Kauderwelsch-Reihe durch folgende Besonderheiten aus:

Die **Grammatik** wird in einfacher Sprache so weit erklärt, dass es möglich wird, ohne viel Paukerei mit dem Sprechen zu beginnen, wenn auch nicht gerade druckreif.

Alle Beispielsätze werden doppelt ins Deutsche übertragen: zum einen **Wort-für-Wort**, zum anderen in „ordentliches" Hochdeutsch. So wird das fremde Sprachsystem sehr gut durchschaubar. Denn in einer fremden Sprache unterscheiden sich z. B. Satzbau und Ausdrucksweise recht stark vom Deutschen. Ohne diese Übersetzungsart ist es so gut wie unmöglich, schnell einzelne Wörter in einem Satz auszutauschen.

Die **Autorinnen** und **Autoren** der Reihe sind Globetrotter, die die Sprache im Land selbst gelernt haben. Sie wissen daher genau, wie und was die Leute auf der Straße sprechen. Deren Ausdrucksweise ist nämlich häufig viel einfacher und direkter als z. B. die Sprache der Literatur oder des Fernsehens.

Besonders wichtig sind im Reiseland **Körpersprache, Gesten, Zeichen** und **Verhaltensregeln**, ohne die auch Sprachkundige kaum mit Menschen in guten Kontakt kommen. In allen Bänden der Kauderwelsch-Reihe wird darum besonders auf diese Art der nonverbalen Kommunikation eingegangen.

Kauderwelsch-Sprechführer sind keine Lehrbücher, aber viel mehr als Sprachführer! Wenn Sie ein wenig Zeit investieren und einige Vokabeln lernen, werden Sie mit ihrer Hilfe in kürzester Zeit schon Informationen bekommen und Erfahrungen machen, die den „taubstummen" Reisenden verborgen bleiben.

Inhalt

Anhang

Vorwort

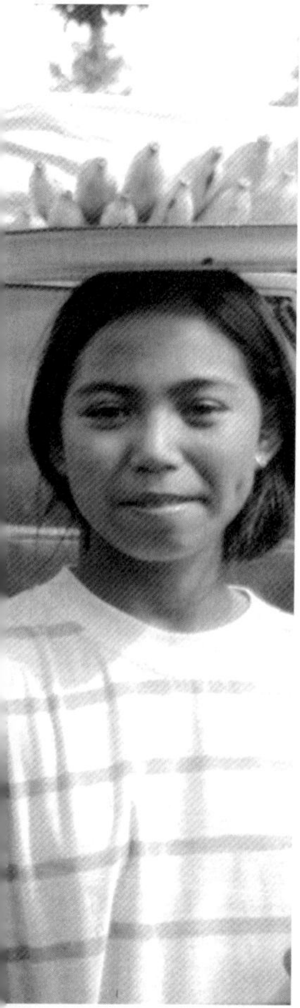

Auf Bali bin ich *pak Guntur, Vater Günter.* Das war nicht immer so. Während meiner ersten fünf Reisen war ich für die Einheimischen ein Tourist wie jeder andere. Doch von meiner sechsten Reise an wurde ich überall herzlichst begrüßt. Ich hatte plötzlich ein individuelles unverkennbares Gesicht gewonnen. Und dies nur weil ich begann einige Brocken der *basā* Bali, *Sprache Balis,* zum Besten zu geben.

Die fliegenden Händler sprachen mich plötzlich nicht mehr so aufdringlich an, sobald sie merkten, dass ich etwas von ihrer Sprache verstand. Beim Handeln schnitt ich wesentlich besser ab. Kenntnisse der *basā* Bali zahlen sich also durchaus aus, und dies ganz wortwörtlich in *pipis, Moneten*, oder vornehm ausgedrückt in jinah, *klingender Münze.*

Die Muttersprache der *anak* Bali ist natürlich nicht in erster Linie dazu da, um Briefmarken zu kaufen. Die *basā* Bali ist die bildhafte Sprache der tropisch wuchernden Kultur auf dieser Insel. Deshalb geht es hier vor allem um die traditionellen Seiten des alltäglichen und festtäglichen Lebens. Sie werden Bali von einer Seite kennen lernen, die für Sie sonst ein Buch mit sieben Siegeln geblieben wäre. Ich wünsche Ihnen, dass auch Ihr Gesicht auf Bali bekannt wird!

Herzlichst, Ihr Günter Spitzing

Hinweise zur Benutzung

Dieser Sprechführer besteht nach dem bewährten Kauderwelsch-Konzept aus drei Hauptteilen: Grammatik, Konverstation und Wörterlisten. Bevor Sie jedoch in die Kapitel hineinschnuppern, sollten Sie sich das Kapitel „Die Sache mit den zwei Sprachen“ einmal in Ruhe durchlesen. Es hilft Ihnen, immer die korrekte Sprachebene zu wählen, die ein Gespräch mit dem jeweiligen ***anak*** **Bali** erfordert. Im ganzen Buch sind die respektsprachlichen Begriffe der ***basā*** **alus** mit nicht-kursiver Fettschrift und vor allem bei gemischtsprachlichen Wendungen überdies mit einem ⇧ gekennzeichnet. Die volkssprachlichen Begriffe der ***basā biasā*** sind entsprechend in kursiver Fettschrift dargestellt und mit ⇩ markiert. Wird in den Wörterlisten oder bei den Vergleichssätzen nur ein Wort genannt, so wird das auf allen Sprachebenen benutzt.

Der Grammatikteil ist so einfach gehalten wie möglich. Daher sind auch nicht alle Ausnahmen und Unregelmäßigkeiten der ***basā*** **Bali** erklärt. Aber haben Sie Mut, was auf den ersten Blick kompliziert scheint, ist im Alltagsgebrauch doch recht einfach und Sie finden dadurch schnell einen guten Kontakt zu den Leuten.

Beginnen Sie gleich mit dem Konversationsteil, finden Sie dort Sätze aus dem All-

Seitenzahlen
Um Ihnen den Umgang mit den Zahlen zu erleichtern, ist auf jeder Seite die Seitenzahl auch in basā Bali ausgeschrieben!

tagsgespräch aufgegliedert nach verschiedenen Themengebieten aus dem Reisealltag in Bali. Die Mustersätze sollen Ihnen dabei helfen, schnell selbst eigene Sätze zu bilden durch ein einfaches Austauschen der Hauptwörter des Satzes. Hierbei ist besonders die Wort-für-Wort-Übersetzung sehr hilfreich. Jedes Wort in der *basā* Bali entspricht einem Wort in der kursiven Wort-für-Wort-Übersetzung.

⇧ **Yusan titiangé sampun *pāsasur* warsā.**
⇩ ***Tuuh tiangé subā pāsasur tiban.***
Alter(seins) mein bereits fünfunddreißig Jahr
Ich bin 35 Jahre alt.

Enthält das *basā*-Bali-Wort zwei Wörter im Deutschen bzw. eine Zusatzinformation werden diese in der Wort-für-Wort-Übersetzung mit Bindestrich gekoppelt. Ist die Zusatzinformation nicht auch in der volkssprachlichen Sprachebene enthalten, wird es in Klammern gesetzt.

Wörter des modernen Lebens werden aus der offiziellen Sprache entnommen. Auf der Post, auf der Bank, beim Arzt wird also Indonesisch oder Englisch gesprochen. Die entsprechenden Kapitel werden Sie daher in diesem Band vergeblich suchen.

Hilfreich sind die zusätzlichen Wörterlisten am Buchende und die Umschlagsklappen mit den wichtigsten Sätzen und Formulierungen auf einen Blick.

Kauderwelsch-AusspracheTrainer
*Falls Sie sich die wichtigsten balinesischen Sätze, die in diesem Buch vorkommen, einmal von einem 'anak Bali' gesprochen anhören möchten, kann Ihnen Ihre Buchhandlung den **AusspracheTrainer** zu diesem Buch besorgen. Sie bekommen ihn auch über unseren Internetshop **www.reise-know-how.de** Alle Sätze, die Sie auf dem **Kauderwelsch-AusspracheTrainer** hören können, sind in diesem Buch mit einem 👂 gekennzeichnet.*

Die Sache mit den zwei Sprachen

Sprachwissenschaftler unterscheiden je nachdem, wie viel Spaß sie am Klassifizieren haben, bis zu sechs Sprachebenen. Für die Praxis kommen wir jedoch mit zwei Sprachen aus. (Dies entspricht auch der kulturellen Tradition Balis).

Die *basā* Bali, *Sprache Balis*, gehört grammatikalisch gesehen zu den eher einfachen Sprachen. Da kommt sicherlich Freude auf bei Ihnen. Und die möchte ich nun keinesfalls dämpfen, indem ich Ihnen verrate: In Bali wird nicht nur eine Sprache gesprochen. Das Spannende daran ist, dass diese Sprachen nicht nebeneinander in verschiedenen Gebieten der nur 5.633 km² großen Insel existieren. Sie werden in ganz Bali gesprochen, auf und zwischen verschiedenen Ebenen der Gesellschaft.

***basā* alus** *Sprache vornehm* = gehobene Sprachebene
basā kasar *Sprache grob* = niedrige Sprachebene
basā biasā *Sprache üblich* = einfache Sprachebene

Sprechen feine Leute zu feinen Leuten, benutzen sie *basā* alus. Wenden sich einfache Leute an einfache Leute oder an Kinder, halten sie sich an *basā kasar*, auch *basā biasā*, genannt. Einfache Leute sprechen zu feineren Leuten in der *basā* alus. Sie „sprechen herauf". Feine Leute reden einfache Leute in *basā kasar* an. Sie sprechen von oben herab. Sprechen einfache Leute über feine Leute, dann erwarten die Feinen, dass sie *basā* alus benutzen. In der alltäglichen Praxis sprechen die einfachen Leute *basā kasar*, möbeln sie aber mit einigen feinen Wörtern auf. Das ist dann die eigentliche *basā biasā*.

Sind Sie erst einmal auf die unterschiedliche Standessprachen aufmerksam geworden, werden Sie die auch im Deutschen entdecken: „Na, mein Lieber! Probieren Sie mal die Zigarre hier. Gönnen Sie sich mal was Ordentliches!" So was kann nur der Direktor sagen. Vom Angestellten wird dagegen erwartet, dass er sich kleiner als sein Chef gibt: „Verzeihen Sie Chef, aber ich bin günstig an eine ganz besondere Sorte von Zigarren herangekommen. Darf ich mir erlauben Ihnen eine anzubieten?"

Triwangsā
= *„Drei-Gruppen"*
= *der Adel Balis,*
die feinen Leute,
ca. 5% der Einwohner

*wong*jabā / *anak*jabā
= *„Mensch draußen"*
= *einfacher Mensch,*
ca. 95 % der
Einwohner,
meist Reisbauern

Genau wie unser Direktor empfinden auch Leute in Bali, die sich als höherstehend einstufen, eine Ansprache in der „falschen" Art und Weise als beleidigend. Spricht das nicht dafür, sich ganz einfach nur an die Respektsprache zu halten, um Komplikationen zu vermeiden? Ganz und gar nicht! Das würde nämlich den Kontakt zur überwiegenden Mehrzahl der Bevölkerung erschweren. Stellen Sie sich nur einmal vor, Sie sagen zur Wirtin in ihrer Stammkneipe: „Gnädige Frau, würden Sie vielleicht die Güte haben, mir noch so ein Glas dieses köstlichen Trunkes zu kredenzen!„ Mit einer derart „overdressten" Tonart würden Sie ganz schön auflaufen. Die hätte nämlich das Gefühl, Sie wollten sie auf den Arm nehmen.

Die Angehörigen einer der drei höheren Kasten dagegen legen Wert auf die hohe Sprachebene. Andererseits werden in Bali die Kastenunterschiede wenig betont, weit weniger als zum Beispiel in Indien. Das Kastensystem beruht in Bali weniger auf rigorosen Speisevorschriften, auf Einschränkungen in beruflichen oder sonstigen Tätigkeiten oder gar auf Diskriminierung der rangtiefen Gruppen. Es drückt sich nach altindonesischer Tradition hauptsächlich in der Sprache aus.

In Bali, besonders in Nordbali, verstehen nicht alle Leute aus dem Volk die Respektsprache. Und wenn doch, so fühlen sie sich stark verunsichert, wenn sie nicht in ihrer gewohnten Sprachebene, in der sie zu Hause sind, angesprochen werden.

Geschichte und Verbreitung

Die *basā* Bali gehört zu den westaustronesischen Sprachen. Austronesisch wird im gesamten indonesischen Raum, in der Südsee, auf den melanesischen und mikronesischen Inseln, gesprochen. Die westaustronesische Gruppe umfasst die miteinander nahe verwandten indonesischen Sprachen. Diese werden auf den indonesischen Inseln, in Malaysia und Singapur benutzt. Indonesien verfügt allein über mehr als 800 Sprachen und damit über genau so viele Kulturen.

Viele indonesische Sprachen zeichnen sich durch mehrere Sprachebenen aus. Auch die der *basā* Bali sehr nahe stehenden Sprachen der westlichen und östlichen Nachbarinseln, *basā* Jawi (Java) und *basā* Sasak (Lombok) umfassen sowohl eine einfache Sprache als auch eine Respektsprache.

Die eigentliche echte Sprache Balis ist aber die *basā kasar*. Die Volkssprache hat nämlich den altindonesischen Wortschatz bewahrt. Die Respektsprache wird dagegen, ähnlich wie deutsche Fachsprachen, mit Fremdwörtern „aufgetakelt“. Die *basā* alus besitzt einen erheblichen Wortanteil aus dem Indonesischen, dem Tamil, dem Arabischen, auch aus dem Holländischen und insbesondere dem Sanskrit. Die altindische Sprache hat vor allem die religiösen Grundbegriffe für die spezielle Ausformung des Hinduismus auf Bali geliefert.

Typisch ist die Behandlung des Wortes „Zucker“. Die Volkssprache benutzt das urindonesische Wort gulā, *während die Respektsprache das vom holländischen „kandijs“ abgeleitete* gendis *verwendet. Mond ist in der Volkssprache urindonesisch* bulan. *Die Respektsprache bedient sich des Sanskrit-Wortes* candrā.

agamā	Religion
pujā	Opfer
purnamā	Vollmond
Pedandā	Priester (Brahmanenpriester)

Etwa drei Millionen Leute auf Bali beherrschen die *basā* Bali. Darüber hinaus gibt es noch einige kleinere Gemeinschaften auf anderen Inseln. Die Sprache kommt vor in Lomboks Westen (dort leben noch viele *anak* Bali) und in Zentralsulawesi (dorthin wurden vor mehr als zwei Jahrzehnten ganze Dorfgemeinschaften aus Bali umgesiedelt). Die *anak* Bali siedeln dort in geschlossenen Wohngemeinschaften, haben Tempel gebaut, pflegen ihre Kultur und Sprache. Ich habe mich selbst davon überzeugen können, dass sie dort sehr gut leben und allseits anerkannt sind.

Die Sache mit den zwei Sprachen

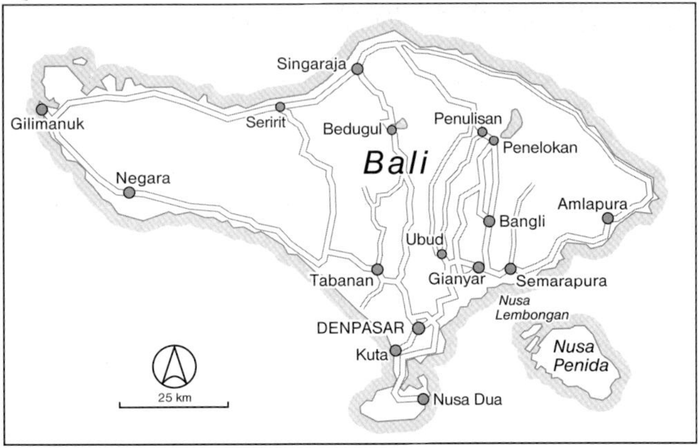

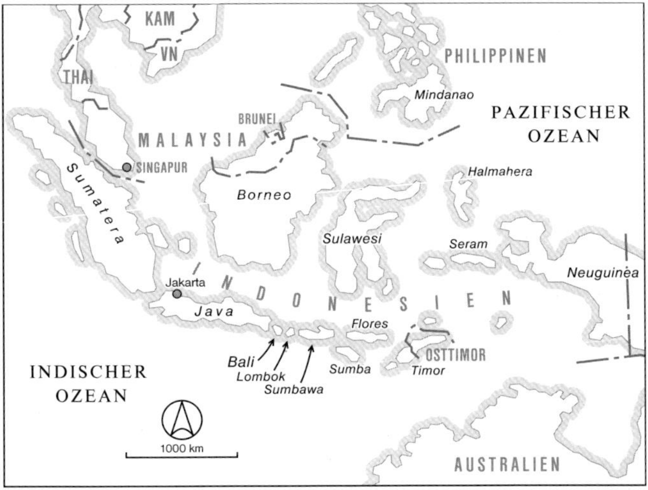

Ursprüngliche Schreibweise

Bali-Texte werden heute generell in lateinischen Buchstaben abgefasst. Das gilt für alle Lexika, auch für Broschüren an den Schulen und für weitere Veröffentlichungen. Die altjavanische Silbenschrift, die früher benutzt wurde, findet sich noch bei der Beschriftung von Tempelgebäuden, religiösen Bildern und dergleichen. Die Kenntniss der Schrift ist erforderlich, wenn man die traditionellen Lontarbücher studieren will.

Die länglichen Bücher besitzen Seiten aus den getrockneten Rispen der Lontarpalme *(Borassus flabellifer)*. Die Buchstaben werden eingeritzt und mit schwarzer Tusche nachgefärbt. Diese Bücher sind heilig und dürfen nur von denen gelesen werden, die sich zuvor einer besonderer Zeremonie unterzogen haben. Die Respektsprache in den Lontarbüchern ist zudem angereichert mit besonders vielen, ansonsten kaum verwendeten Ausdrücken aus dem Altjavanischen und dem Sanskrit.

Das altjavanische ABC beginnt mit Ha, Na, Ca, Ra, Ka ... Das zeigt schon, dass die verschiedenen Zeichen jeweils einen Mitlaut (Konsonanten) darstellen, an den durchwegs ein a angehängt ist. Ein zusätzliches Zeichen muss hinzugefügt werden, um das a hinter dem Mitlaut, je nachdem in ein e, i, o oder u zu verwandeln, oder aber den Selbstlaut a zu entfernen.

Die Schreibweise in diesem Kauderwelsch-Band richtet sich (mit Ausnahme des ā*) nach dem Lexikon* „Kamus Bali Indonesia", *1987 herausgegeben von der* Panitia Penyusun Kamus Bali-Indonesia. *In anderen in Bali erscheinenden Veröffentlichungen kommen jede, aber auch wirklich jede Menge abweichender Schreibweisen vor.*

Aussprache & Betonung

Man könnte die Balisprachen als das Französisch Asiens bezeichnen. Beide Sprachen betonen die letzte Silbe eines Wortes sehr stark und im Satz die letzte Silbe des letzten Wortes besonders stark. Dadurch wirkt die Sprache oft eher wie gesungen. Im Deutschen wie auch im Indonesischen sagt man *„Báli“*. Die *anak* Bali selbst betonen den Namen ihrer Insel so: *„Balí“*. Besonders schwierig ist die Aussprache nicht. Ungewöhnlich und einiger Übung bedürftig ist das ā am Wortende und das ng am Wortanfang.

Hier sind die Selbstlaute (Vokale), die sich vom Deutschen unterscheiden:

Selbstlaute

manuk man<u>u</u>k *Hahn*	**a**	a	kurz wie in „G**a**rten“
gulā gulöä *Zucker* mādaar möäda<u>a</u>r *essen*	**ā**	öä	freistehendes ā in der letzen Silbe und in bedeutungsändernden Vorsilben kā-, mā- oder pā-: Betonter genäselter Laut zwischen „ö“ und „ä“ wie im frz. „Sat**in**“
demen dem<u>e</u>n *mögen*	**e**	e	kurz und offen wie in „Tabl**e**tt“
bébék bäb<u>ä</u>k *Ente*	**é**	<u>ä</u>	betont leicht nach „ä“ hin geöffnet wie in „B**ä**cker“
lelipi lelip<u>i</u> *Schlange*	**i**	i	kurz wie in „n**i**cken“
inggih ingg<u>ä</u>~~h~~ *ja, gewiss*	**ih**	<u>ä</u>~~h~~	als Endsilbe wie offenes, kurzes, betontes „ä“ mit dumpfem „h“

o	o	kurz wie in „M**o**tte“	*momo* momoo *gierig*
	oo	als freistehender Endlaut lang wie in „Phant**o**m“	
u	u	kurz wie in „B**u**rg“	manuk manuk *Hahn*
	uu	als freistehender Endlaut lang wie in „Sch**uh**“	*guru* guruu *Lehrer*

Doppellaute

Zwei Selbstlaute hintereinander werden in der Regel deutlich getrennt gesprochen.

aa	a'a	wie in „K**aa**ba“	*baang* ba'ang *geben*
ae	a'e	wie in „M**ae**stro“	*jaen* dsha'en *lecker*
ai	a'i	wie in „H**ai**ti“, das „i“ dabei aber kürzer sprechen	*jait* dscha'it *nähen*
ao	a'o	wie in „Ch**ao**s“	*paon* pa'on *Küche*
ia	i'a	wie in „L**ia**ne“, das „i“ dabei aber kürzer sprechen	*siap* si'ap *Huhn*
ii	i'i	wie in „l**iie**rt“, das „i“ dabei aber kürzer sprechen	*miik* mi'ik *duftend*
oa	o'a	wie in „**Oa**se“	*goak* go'ak *Krähe*
ua	u'a	wie in „d**ua**l“	*tuarā* tu'aröä *nein*
uu	u'u	wie in „D**uu**mvirat“	duur du'ur *hoch*
au	au	eher wie im Deutschen zusammenziehen wie in „R**au**te“	pāsaut pöäsaut *Antwort*

Mitlaute

Auch hier nur die Mitlaute (Konsonanten) und ihre Kombinationen, die sich vom Deutschen unterscheiden. Beachten Sie vor allem die selbstständigen Laute ng und ny:

Aussprache & Betonung

cenik tschenik *klein*	**c**	tsch	wie in „Ma**tsch**“
hastā astöa *Elle*	**h**	-	am Wortanfang kaum zu hören
lahar lahar *Lava*		h	in der Wortmitte deutlich gehaucht wie in „A**h**a“
poh po" *Mango*		"	am Wortende als deutlicher Knacklaut gesprochen (stöhnend klingender Absatz)
jait dscha'it *nähen*	**j**	dsch	wie in „**Dsch**unke“
kaki kkakki *Opa*	**k**	kk	wird am Wortanfang und in der Wortmitte stark betont
anak ana" *Kind*		"	am Wortende als deutlicher Knacklaut gesprochen
numbas num'as *kaufen*	**mb**	m'	mitten im Wort wird das „b“ fast unhörbar gehaucht
brunbun brun(b)un *bunt*	**nb**	n'	mitten im Wort wird das „b“ fast unhörbar gehaucht
gendis gen'is *Zucker*	**nd**	n'	mitten im Wort wird das „d“ fast unhörbar gehaucht
ngodalin ngodalin *feiern*	**ng**	ng	weich, aber auch am Wortanfang deutlich hörbar wie in „la**ng**e“
anggo ang'go *Kleidung*	**ngg**	ng'g	zwischen „ng“ und „g“ ist ein hörbarer Absatz zu sprechen, deutlicher noch als in „Ta**ng**o“
punyan punjan *Baum*	**ny**	nj	nasal, auch am Wortanfang, wie in „Pa**nj**epferd“ oder „Kasta**ni**en“
raris rrarris *bitte*	**r**	rr	deutlich rollen wie im russischen „**R**asputin“

Also, die Betonung immer auf die letzte Silbe legen. Damit liegen Sie in 99 % aller Fälle richtig. Man wird Sie so schnell als jemanden ansehen, der der einheimischen Sprache mächtig ist.

Wörter, die weiterhelfen

Die folgenden Ausdrücke sollen Ihnen einen leichten Start ermöglichen, denn diese werden Sie sicherlich oft brauchen und zu hören bekommen.

Gibt es ...?

⇧ **Wénten *wayang?***
⇩ ***Adā wayang?***
sein Wayang-Schauspiel
Gibt es ein Wayang-Schauspiel?

Wénten déwasā māmargi ring wuku ajeng?
Adā* déwasā *mājalan di uku arep?
sein Zeit geben in Woche nächste
Gibt es nächste Woche einen günstigen Reisetag?

Haben Sie ...? Bringen Sie ...!

⇧ **Wénten sajeng?**
⇩ ***Adā tuak?***
sein Palmwein
Haben Sie Palmwein?

⇧ ***Icén* titiang *brem.***
⇩ ***Icén tiang brem.***
bringen ich Reiswein
Bringen Sie Reiswein.

⇧ **Inggih.** ⇩ **Ya.**	Ja, gewiss.
⇩ ***Sing kénkén!***	Kein Problem!
⇧ **Tan wénten.** ⇩ ***Sing adā.***	Nein, haben wir nicht.

Wörter, die weiterhelfen

Wo ist ...? / Ich suche ...

⇧**Tulungin manggihin kāyangan *désā.***
⇩***Nulungin nepukin purā désā.***
helfen-bitte sehen Tempel Dorf
Wo ist bitte der Dorftempel?

⇧**Titiang ngrereh *warung/losmen.***
⇩***Tiang ngalih warung/losmen.***
ich suchen Essensbude/Unterkunft
Ich suche eine Essensbude/Unterkunft.

sprich: wäsä

⇧**W.C.;** ⇩***kamar kecil***	Toilette
⇩***bemo***	„Richtungstaxi“

Ich möchte ... kaufen/bestellen.

⇧**Titiang jagi numbas sagetas.**
⇩***Tiang lakar meli apoh.***
ich beabsichtigen kaufen eins-Mango
Ich möchte eine Mango kaufen.

⇧**Titiang kayun *mābesen* ayam.**
⇩***Tiang nyak mābesen siap.***
ich wünschen bestellen Huhn
Ich möchte Huhn bestellen, bitte.

Wie viel kostet ...?

⇧**Pangaji kudang-kudang niki?**
⇩***Aji kudā ené?***
Preis wie-viel dies
Wie viel kostet das?

Ein, dies und das

Im Deutschen hat ein Hauptwort bis zu fünf Formen: „Fluss, Flusses, Flusse, Flüsse, Flüssen“. Und in Bali? Da gibt’s nur tukad.

Geschlecht

Ist bei Menschen und Tieren das Geschlecht nicht eindeutig, mag ein das Geschlecht kennzeichnendes Wort angefügt werden.

Sachen sind grundsätzlich geschlechtslos! Hinter Personen oder Tiere kann eine Kennzeichnung für „weiblich“ oder „männlich“ gestellt werden.

⇧ **istri** / ⇩ ***luh***	Frau, weiblich
⇧ **lanang** / ⇩ ***muani***	Mann, männlich

⇧ **Mādué kalih okā.**
⇩ ***Ngelah duang pianak.***
besitzen zwei Kind
Ich habe zwei Kinder.

⇧ **Mādué kalih okā lanang / putrā.**
⇩ ***Ngelah duang pianak muani.***
besitzen zwei Kind männlich (/Sohn)
Ich habe zwei Jungen/Söhne.

Einige Wörter altindischen Ursprungs haben eine männliche und weibliche Form:

déwā, déwi	Gott, Göttin
déwatā, déwati	göttlicher Ahn, Ahnin
betarā, betari	Ahn, Ahnin
putrā, putri	Sohn, Tochter

Ein, dies und das

Die weiblichen und männlichen Namen sind in Bali gleich (Ausnahme Triwangsā-Angehörige). Um klarzustellen, ob man „sie" oder „ihn" meint, kann man die Geschlechtsanzeiger I (der) und Ni (die) voranstellen:

I Madé	der Made	**Ni Madé**	die Made

Mehrzahl

Die Mehrzahl muss selten betont werden. Sie ergibt sich aus dem Zusammenhang.

⇧ **Iriki ring *gunung-gunung* wénten wenarā.**
⇩ ***Dini di gunung-gunung adā bojog.***
hier in Berg-Berg sein Affe
Hier gibt es Affen in den Bergen.

Soll verdeutlicht werden, dass es mehrere sind, kann man das Wort verdoppeln:

⇧ **Ring *tukad* ulā-ulā.**
⇩ ***Di tukad lelipi-lelipi.***
in Fluss Schlange-Schlange
Am/Im Fluss gibt es Schlangen.

Gerne werden auch Wörter wie z. B. „viel" und „alle" verwendet:

⇧ **Akeh wénten *legu.***
⇩ ***Liu adā legu.***
viel sein Moskito
Es gibt viele Mücken.

⇧ **Biang sampun *ngejuk* sami alicā.**
⇩ ***Mémé subā ngejuk makejang teledu***
Mutter bereits fangen alle Skorpion
Mutter hat bereits alle Skorpione gefangen.

Eine Gruppe von Menschen oder Tieren kann man mit *parā* kennzeichnen. Dabei ist weniger „die zufällig zusammengekommene Gruppe“ gemeint als vielmehr „die Gruppe als solche“:

parā **guru**
Gruppe Lehrer
die Lehrer

parā **ratu**
Gruppe König
die Adligen

ein, eine, eines

Der unbestimmte Artikel wird gewöhnlich nicht besonders ausgedrückt. Soll aber besonders herausgestellt werden, dass es sich nur um ein Exemplar handelt, wird die Vorsilbe „eins“ vorangestellt: sa- in der Respektsprache und a- in der Volkssprache.

okā/*anak*	(ein) Kind
gunung	(ein) Berg
saokā/*aanak*	ein (einziges) Kind
sagunung/*agunung*	ein (einziger) Berg

⇧ **Titiang jagi numbas sagetas.**
⇩ ***Tiang lakar meli apoh.***
ich beabsichtigen kaufen eins-Mango
Ich möchte eine Mango kaufen.

Ein, dies und das

⇧ **Māduė wantah saokā.**
⇩ ***Ngelah tuah aanak.***
besitzen nur eins-Kind
Ich habe nur ein Kind.

der, die, das

Es gibt zwei Arten von Artikeln. Beide werden in beiden Sprachebenen benutzt. Der Artikel i gilt ausschließlich für Personen:

i guru lanang	der Lehrer
i guru istri	die Lehrerin
i anak	das Kind
i anak-anak	die Kinder

⇧ **I guru nuturin tuturan.**
⇩ **I guru *māsatuā satuā.***
der Lehrer erzählen Geschichte
Der Lehrer erzählt eine Geschichte.

Betonen Sie das abschließende -é *sehr deutlich, ausgesprochen wie ein kurzes trockenes „ä“. Wenn Sie meinen, Sie übertreiben, liegen Sie gerade richtig. Wird der Artikel* -né *an den besonderen* ā*-Laut angefügt, wird dieses wie ein ganz normales* a *ausgesprochen!*

Der Artikel -(n)é kann an alle anderen Hauptwörter angehängt werden (-n- steht, wenn das Wort auf einen Selbstlaut endet):

anak, anaké	Kind, das Kind
basā, basané	Sprache, die Sprache
wenarā, wenarané	Affe, der Affe

⇧ **Wau kudang odalan okané alit?**
⇩ ***Marā kudā otonan anaké cenik?***
gerade wie-viel Jahresfest Kind-das klein
Wie alt ist das Kind jetzt?

dies & jenes

(pu)niki / *(e)né*	dies, dieser, diese
(pu)nikā / *(en)to*	jenes, jener, jene

Wird ein Hauptwort durch die obigen Wörter näher bestimmt, wird ihm das „dies" oder „jenes" immer nachgestellt.

⇧ **Jeroné saking *désā* punikā?**
⇩ ***Ragané uli désā ento?***
Dein/Ihr von Dorf jenes
Sind Sie aus dem Dorf?

⇧ **Margi puniki ring Klungkung?**
⇩ ***Jalan ené kā* Klungkung?**
Straße dies nach Klungkung
Ist das die Straße nach Klunkung?

Stehen die Wörter „dies" und „jenes" vor einem Haupt- oder Eigenschaftswort, so kann man sich ergänzend ein „ist/sind" dazwischen denken:

⇧ **Niki sawitrā titiangé.**
⇩ ***Ené timbal tiangé.***
dies Freund mein
Dies ist mein Freund.

⇧ **Puniki becik.**
⇩ ***Ené jaen.***
dies lecker
Dies ist lecker.

*dauh *steht für eine Zeitspanne von 1,5 Stunden zwischen 6–18 Uhr.*

⇧ ***Jam* (dauh) *kudā* niki?**
⇩ ***Jam kudā né?***
Stunde (*) wie-viel dies
Wie viel Uhr ist es?

⇧ **Puniki *jam* tigang.**
⇩ ***Ené jam telung.***
dies Stunde drei
Es ist drei Uhr.

In manchen Fällen steht (pu)niki/*(e)né* *auch für das deutsche „es".*

Ich, Du & Co.

In Bali kann man den eigenen Vornamen anstelle von „ich“ verwenden und eine Person mit seinem Namen anstelle von „Du“ ansprechen:

⇧ ***Guntur* nunas *nasi kuning.***
⇩ ***Guntur ngidih nasi kuning.***
Günter erbitten Reis gelb
Ich hätte gern gelben Reis.

⇧ **Kayun *Guntur* wedang *teh?***
wünschen Günter heißes-Getränk Tee
⇩ ***Nyak Guntur teh?***
wünschen Günter Tee
Willst Du Tee?

Passen Sie die Aussprache Ihres Namens ein bisschen an das Bali-Sprachgefühl an: Aus „Flora“ wird dann die Pelorā, *aus dem „Fritz“ der* Pirits *und aus dem „Günter“ der* Guntur. *Es empfiehlt sich, alle Namen am Ende zu betonen, um besser verstanden zu werden.*

Wenn zwei über eine dritte Person sprechen, kann man auch dessen Namen einsetzen:

⇧ ***Guntur* sukā sajeng.**
⇩ ***Guntur demen tuak.***
Günter mögen Palmwein
Er mag gern Palmwein.

Wenn die Namen wirklich nicht bekannt sind, benutzt man persönliche Fürwörter (Personalpronomen). Diese Konstruktionen gehören jedoch zu den äußerst „empfindlichen“ Wörtern: Zu niedrige Worte empfinden die Leute schnell als erniedrigend.

persönliche Fürwörter

⇧ **titiang**	⇩ ***tiang/ragā***	*ich*
⇧ **Jero**	⇩ ***ragané/ragā***	*Du/Sie*
⇧ **ipun/idā**	⇩ ***iā/dané***	*er/sie/es*
⇧ **semeton tiangé**	⇩ ***i ragā makejang***	*wir (inklusive*)*
⇧ **ragā sareng sami**	⇩ ***i ragā***	*wir (exklusive**)*
⇧ **semeton sami**	⇩ ***nyamā makejang***	*ihr/Ihr*
⇧ **idā**	⇩ ***dané***	*sie*

Inklusive schließt den Angesprochenen mit ein, während exklusive** den Angesprochenen ausschließt.*

⇧ **Jero jagi *kijā* mangkin?**
⇩ ***Ragā lakar kijā jani?***
Sie/Du beabsichtigen wohin jetzt
Wohin wollen Sie jetzt?

Tiang ist durchaus noch ein gehobenes Wort. Dennoch empfiehlt es sich der Höflichkeit halber auch in der Volkssprache das edle titiang zu verwenden:

⇧ **Titiang sampun rauh.**
⇩ **Titiang *subā tekā.***
ich bereits kommen
Ich bin bereits angekommen.

Ragané bitte nur bei Gleichaltrigen und Jüngeren verwenden. Jero vorsichtshalber immer gegenüber Unbekannten, denn es bedeutet „jemand, der zum Triwangsā (Adel) gehört"!

Man kennt auch noch das sehr familiäre *icang* für „ich/wir", sowie *Cai* (Jungen) und *Nyai* (kleine Mädchen) für „Du"; aber diese Wörter sollte man den *anak* Bali überlassen.

Nicht immer, wenn im Deutschen ein persönliches Fürwort steht, muss man in Bali eines gebrauchen. Schließlich ist oft klar, dass der Angesprochene gemeint ist:

⇧ **Rauh saking *dijā?***
⇩ ***Tekā uli dijā?***
kommen von wo
Woher kommst Du / kommen Sie?

⇧ **Wau rauh saking Badung.**
⇩ ***Marā tekā uli* Badung.**
gerade kommen von Denpasar
Ich komme gerade von Denpasar.

Mein, Dein, sein ...

In Bali wird bei der Angabe von Besitz meist die Reihenfolge „Wasserbüffel (des) Vaters" eingehalten, d. h. erst wird der Besitz genannt, dann der Besitzer.

⇧ ***kebo* aji**
⇩ ***kebo bapā***
Wasserbüffel Vater
Vaters Wasserbüffel

⇧ **toyā *tukad***
⇩ ***yeh tukad***
Wasser Fluss
Flusswasser

⇧ **tuturan *Guntur* miwah *Wayan***
⇩ ***satuā Guntur muah Wayan***
Geschichte Günter und Wayan
unsere Geschichte

Auch für das besitzanzeigende Fürwort (Possessivpronomen) kann man einfach den oder die Namen der Person(en) einsetzen. Will man den Besitz mit einem besitzanzeigenden Fürwort ausdrücken, setzt man für die Personen der Einzahl „mein, Dein, sein, ihr/Ihr" einfach den Namen des Besitzers ein und hängt daran die Endung -né:

Die Endung -né *wird in dieser Funktion in der Wort-für-Wort-Übersetzung immer mit „seins" übersetzt; auch um eine Verwechslung mit dem Hilfswort „sein" zu vermeiden.*

⇧ ***Okā Gunturné* ring Bali mangkin.**
⇩ ***Anak Gunturné di* Bali *jani.***
Kind Günter-seins in Bali jetzt
Mein/Dein/sein/Ihr Kind ist jetzt auf Bali.

besitzanzeigende Fürwörter

Statt der Namen können auch alle persönlichen Fürwörter als besitzanzeigende Fürwörter nachgestellt werden. Soll der Besitz besonders betont werden, kann für alle Formen der Einzahl und für die 3. Person Mehrzahl (sein, ihr) -né als persönliches Fürwort angehängt werden. Das -né bedeutet hier „sein" oder „ihr" (und behält immer das -n-, auch wenn das vorangehende Wort auf -n endet). Die Form bleibt immer gleich, egal ob „mein, meine, meines" etc. gemeint ist.

⇧ **titiangé**	⇩ ***tiangé/ragané***	*mein*
⇧ **Jeroné**	⇩ ***ragané***	*Dein/Ihr*
⇧ **ipuné/idané**	⇩ ***iané/danéné***	*sein/ihr*

Mein, Dein, sein ...

⇧ **Okā titiang(é) ring Bali mangkin.**
⇩ ***Anak tiang(é) di* Bali *jani.***
Kind ich(seins) in Bali jetzt
Mein Kind ist jetzt auf Bali.

⇧ **Wastan titiangé ...**
⇩ ***Adan tiangé ...***
Name mein ...
Mein Name ist ...

unser (inklusive)	⇧ **semeton tiangé**	⇩ ***i ragā makejang***
unser (exklusive)	⇧ **ragā sareng sami**	⇩ ***i ragā***
euer	⇧ **semeton sami**	⇩ ***nyamā makejang***
ihr (Mz.)	⇧ **idané**	⇩ ***danéné***

Den Namen als Besitzanzeiger zu verwenden ist gebräuchlicher. Das persönliche Fürwort oder das durch -né in ein besitzanzeigendes Fürwort gewandelte persönliche Fürwort zu verwenden, ist eindeutiger. Der Name kann schließlich für „ich, Du, er, sie und „mein, Dein, sein, ihr" stehen, je nach dem Zusammenhang. In der Gesprächspraxis weiß man schon, ob etwa Nyoman selbst spricht, dem Sprechenden gegenüber steht oder ob über ihn gesprochen wird.

⇧ **Semeton tiangé lungā *kā Wayan* kebonanné.**
wir(alle; 2 Worte) gehen nach Wayan Garten-seins
⇩ ***I ragā makejang luas kā Wayan abianné.***
wir(alle; 3 Worte) gehen nach Wayan Garten-seins
Wir gehen zu Deinem Garten.

Oder man kann den vorangehenden Satz auch übersetzen mit: „Wir gehen zu seinem Garten.“ oder auch „Wir gehen zu meinem Garten.“

⇩ ***I ragā makejang luas kā ragané abianné.***
wir(alle; 3 Worte) gehen nach Dein Garten-seins
Wir gehen zu Deinem Garten.

Das -né wird außerdem sehr häufig als besitzanzeigendes Fürwort für die 3. Person verwendet und gegenüber Idā, dané, Idané, danéné bevorzugt.

⇩ ***I ragā makejang luas kā abianné.***
wir(alle; 3 Worte) gehen nach Garten-seins
Wir gehen zu seinem/ihrem Garten.

⇩ ***umahné***	sein/ihr Haus
⇩ ***keboné***	sein/ihr Wasserbüffel
⇩ ***pākaranganné***	sein/ihr Gehöft

⇧ **Sirā wastané?**
⇩ ***Nyen andanné?***
wer Name-seins
Wie ist Ihr/Dein/sein/ihr Name?

⇧ **Ajiné saking *Jerman/Austria/Swiss.***
⇩ ***Bapané uli Jerman/Austria/Swiss.***
Vater-seins von Deutschland/Österreich/Schweiz
Sein/Dein/mein/... Vater kommt aus Deutschland / Österreich / der Schweiz.

Schön, schöner, am schönsten

Schön, schöner, am schönsten

Ein Eigenschaftswort wird hinter dem näher erläuterten Hauptwort angeordnet:

⇧ **jadmā alit istri**
⇩ ***anak cenik luh***
Mensch klein Frau
kleines Mädchen

⇧ **déwasā kaon**
⇩ **déwasā *jelék***
Zeit (schlecht/)hässlich
schlechter Tag

⇧ **Titiang mādué semeton akeh.**
⇩ **Titiang *ngelah nyamā liu.***
ich besitzen Geschwister viel
Ich habe viele Geschwister.

Ausnahme: Akeh/*liu* (viel) und kedik/bedik (wenig) stehen immer vor dem näher erläuterten Hauptwort gefolgt von „es gibt“ oder „haben“:

⇧ **Akeh sawitrā wénten ring *désā* titiangé.**
⇩ ***Liu timbal adā di désā tiangé.***
viel Freund sein in Dorf mein
In meinem Dorf habe ich viele Freunde.

Steht zwischen Hauptwort und Eigenschaftswort „dies“ oder „jenes“, ergänzt man im Deutschen ein „ist/sind“:

⇧ **Anom punikā ayu.**
⇩ ***Daā ento jegég.***
Mädchen jenes schön
Jenes Mädchen ist schön.

sehr / zu viel

Im Gegensatz zum Deutschen stellt man „sehr" immer dem Eigenschaftswort nach:

⇧ ***Mael*** **pisan pangajiné.**
⇩ ***Mael pesan ajiné.***
teuer sehr Preis-seins
Der Preis ist sehr hoch!

⇩ **Singarajā doh pisan saking Badung.**
⇩ **Singarajā *joh* pisan *uli* Badung.**
Singaraja weit sehr von Denpasar
Singaraja ist sehr weit entfernt von Denpasar.

Verwenden Sie immer pisan! *Das wirkt höflicher.*

Vorangestelltes *bes/bas* bedeutet „zu (sehr)":

⇧ **Pisang-pisang niki *bes mael.***
⇩ ***Biu-biu ené bes mael.***
Banane-Banane dies zu teuer
Diese Bananen sind zu teuer.

steigern

Die 1. Steigerungsstufe wird durch Anhängen von -(n)an gebildet, die 2. hingegen durch Voranstellen von pinih/*paling* (sehr):

Grundform	1. Steigerung	2. Steigerung
⇧ **ayu**	**ayunan**	**pinih ayu**
⇩ ***jegég***	***jegégan***	***paling jegég***
schön	schöner	am schönsten

Schön, schöner, am schönsten

Die erste Steigerungsstufe kann auch mit bes/bas verstärkt werden.

⇧ **Janganè pedes awinan bes akehan pedésan.**
⇩ ***Jukuté lalah kranā bes liunan tabiā.***
Gemüse-das scharf Grund zu mehr Chili(mehr)
Das Gemüse ist scharf, weil viel zu viel Chili drin ist.

vergleichen

Vergleiche werden gebildet mit der 1. Steigerungsstufe des Eigenschaftswortes und banding ring / *padaang tekén* = *verglichen mit:*

⇧ **Getas becikan banding ring *sabo.***
⇩ ***Poh jaenan padaang tekén sabo.***
Mango lecker-mehr verglichen mit Sawo
Die Mango schmeckt besser als die Sawo.

Padā kann heißen:
1. alle;
2. gleich, dasselbe;
3. dasselbe wie, verglichen mit.

Wenn es darum geht, dass zwei Dinge gleich sind, wird samā/*padā (tekén)* verwendet:

⇧ ***Sabo* tan samā becikné padā getas.**
⇩ ***Sabo tusing padā jaenné tekén poh.***
Sawo nicht gleich lecker-seins verglichen Mango
Sawo schmeckt nicht so gut wie Mango.

⇧ **Wit klapā samā agungné padā wit rontal.**
⇩ ***Puyan nyuh padā gedéné tekén punyan ental.***
Baum Kokosnuss gleich Größe-seins verglichen Baum Lontar
Die Kokospalme ist genauso groß wie die Lontarpalme.

Sein, sich befinden & haben

Das Wort „sein“ schwingt in der Regel nur unsichtbar und unhörbar zwischen den Zeilen mit. Nur wenn „sich befinden“ oder „es gibt“ ausgedrückt werden soll, wird wénten/*adā* eingefügt:

⇧ **Tampek saking iriki wénten toyā anget.**
⇩ ***Paek uli dini adā yeh* panes.**
nahe von hier sein Wasser heiß
Hier ganz in der Nähe gibt's heiße Quellen.

So ist es deutlich ausgedrückt! Doch wénten/*adā kann in diesem Fall auch weggelassen werden.*

⇧ **Ring *dijā* wénten wanā wenarā?**
⇩ ***Dijā adā alas bojog?***
wo sein Wald Affe
Wo befindet sich der Affenwald?

In der Respektsprache besteht das Fragewort „wo“ aus zwei Worten: ring dijā, *dies wird jedoch in der Wort-für-Wort-Übersetzung der Einfachheit halber nicht gekennzeichnet.*

haben

Folgenden Zwei-Wörter-Satz werden Sie sehr gut brauchen können, wenn Sie von fliegenden Händlern bedrängt werden:

⇧ **Sampun wénten.**
⇩ ***Subā adā.***
bereits sein
Habe ich bereits.

Auf einen Satzgegenstand bezogen wird „haben“ mit ngwéntenang/*ngadaang* oder eher als „besitzen“ mit mādué/*ngelah* ausgedrückt:

ngwéntenang/*ngadaang sind erweiterte Formen, in denen* wénten/*adā steckt.*

⇧ **Titiang ngwéntenang okā wantah *adiri.***
⇩ ***Tiang ngadaang pianak dogén adiri.***
ich haben Kind nur eins-Mensch
Ich habe nur ein Kind.

⇧ **Ipun mādué akeh jinah.**
⇩ ***Ia ngelah liu pipis.***
er besitzen viel Geld
Er hat eine Menge Geld.

Suchen, gesucht, werden suchen ...

Auch die Tätigkeitswörter (Verben) werden nicht gebeugt. Man muss lediglich das unveränderte Tätigkeitswort hinter ein persönliches Fürwort, einen Namen oder auch das handelnde Hauptwort setzen:

⇧ **Titiang ngrereh margi ring Amlapurā.**
⇩ ***Tiang ngalih jalan kā* Amlapurā.**
ich suchen Straße nach Amlapura
Ich suche die Straße nach Amlapura.

Zeiten

Auch für die Zeiten brauchen man das Tätigkeitswort nicht zu beugen. Es werden lediglich passende zeitbestimmende Wörter vorangestellt wie „bereits, noch nicht, gerade oder „wird/werden“:

Suchen, gesucht, werden suchen ...

Vergangenheit

⇧ **sampun**; ⇩ ***subā***	bereits/schon	= *abgeschlossene Verg.*
⇧ **wau**; ⇩ ***marā***	soeben/gerade	= *nahe Vergangenheit*
⇧ **durung**; ⇩ ***tondén/kondén***	noch nicht	

⇧ **Titiang mriki sampun kalih *uku.***
⇩ ***Tiang mai subā duang uku.***
ich herkommen bereits zwei Woche
Ich bin vor zwei Wochen angekommen.

⇧ **Titiang wau numbas sagetas.**
⇩ ***Tiang marā meli apoh.***
ich gerade kaufen eins-Mango
Ich habe soeben eine Mango gekauft.

⇧ **Titiang durung numbas sajeng.**
⇩ ***Tiang tondén meli tuak.***
ich noch-nicht kaufen Palmwein
Ich habe noch keinen Palmwein gekauft.

Zukunft & Gegenwart

jagi/pacang	***lakar/bakal***	wird/will
mangkin	***jani***	jetzt

⇧ **Titiang jagi māmargi *kā* Mengwi.**
⇩ ***Tiang lakar mājalan kā* Mengwi.**
ich beabsichtigen gehen nach Mengwi
Ich werde nach Mengwi reisen.

Oft kann die Absicht etwas zu tun, allein durch den Zeitpunkt ausgedrückt werden:

⇧ ***Guntur*** **budal** ***tengah*** **wengi.**
⇩ ***Guntur mulih tengah peteng.***
Guntur zurückkehren Mitte Nacht
Ich werde mitten in der Nacht zurückkehren.

Will man die Gegenwart besonders betonen, kann man ein „jetzt" dazustellen:

⇧ **Titiang (mangkin) māmargi.**
⇩ ***Tiang (jani) māmargi.***
ich (jetzt) reisen
Ich breche (jetzt) auf.

Aufforderungen

In den Wörterlisten steht die Grundform = Aufforderungsform immer in Klammern hinter dem regulären Tätigkeitswort.

Aus dem Rahmen fällt nur die Befehlsform, bzw. Aufforderungsform. Dafür wird immer die von der Tätigkeitsform abweichende Grundform benutzt:

Grundwort	Tätigkeitswort
margā/margi	**māmarga/māmargi**
jalan	***mājalan***
reise!/gehe! auch: Weg/Reise	gehen/reisen/fahren

⇧ **Margā mangkin budal.**
⇩ ***Jalan jani mulih.***
gehe jetzt zurückkehren
Geh nach Hause!

Können, dürfen, müssen ...

Diese Hilfszeitwörter werden wie im Deutschen dem entsprechenden Tätigkeitswort vorangestellt. Einige kommen nur in der Grundform vor und können daher auch als Befehlsform dienen.

können

⇧ **uning;**	„wissen/
⇩ ***nawang (tawang)***	etwas können“
⇧ **polih;** ⇩ ***maan/bisā***	„sollen/erhalten“
⇧ ***sidā***	„fähig/können“
⇩ ***nyidaang***	„möglich/fähig sein“
⇧ **wikan;** ⇩ ***dueg***	„geschickt (sein)“

⇧ **Ring *dijā nyidaang* nyelang *sepédā?***
⇩ ***Dijā nyidaang nyilih sepédā?***
wo können entleihen Fahrrad
Wo kann ich ein Fahrrad mieten?

⇧ **Titiang uning *mābasā* Bali.**
⇩ ***Tiang tawang mābasā* Bali.**
ich wissen sprechen Bali
Ich kann die Sprache Balis sprechen.

⇧ **Polih idā numbas *salak.***
⇩ ***Maan iā meli salak.***
sollen er kaufen Salak
Er könnte Schlangenfrüchte kaufen.

Können, dürfen, müssen ...

⇧ ***Sidā*** **māsiram ring** ***danu*** **punikā.**
⇩ ***Sidā manjus di danu ento.***
möglich baden in See jenes
In diesem See kann man baden.

⇧ ***(Wayan)*** **wikan ngrereh karyā.**
⇩ ***(Wayan) dueg ngalih gaé.***
(Wayan) geschickt suchen Arbeit
Ich bin / Du bist / Er ist in der Lage, Arbeit zu finden.

⇧ **tan uning punapi-punapi**
⇩ ***sing nawang apā***
nicht wissen was(-was)
überhaupt nichts wissen/können

dürfen

⇧ **dados/kengin;** ⇩ ***dadi***	„werden, sein/ mögen, dürfen"
⇧ **wenang;** ⇩ ***mesti***	„müssen/dürfen"

Der höfliche Ausdruck tan wenang *bedeutet so viel wie „unmöglich!", „es geht nicht" oder „es darf nicht sein".*

⇧ **Dados titiang ngāranjing kāyangan?**
⇩ ***Dadi tiang mācelep purā?***
dürfen ich eintreten Tempel
Darf ich in den Tempel hineingehen?

⇧ **Titiang wenang/** ***mesti*** **mulih.**
⇩ ***Tiang*** **wenang/** ***mesti budal.***
ich sollen/müssen heimkehren
Ich muss zurück.

müssen / sollen

Für „sollten“ oder „lasst uns“ wird kein besonderes Wort verwendet:

⇧ **Ngāwitin mangkin.**
⇩ **Nyumunin *jani.***
anfangen jetzt
Wir sollten jetzt anfangen.

möchten / wollen

Drückt Zukunft/Absicht aus:

⇧ **jagi/pacang;** ⇩ ***lakar/bakal***	„wollen/sollen“ (auch: werden)
⇧ **kayun;** ⇩ ***nyak***	„wünschen/begehren“

⇧ **Titiang jagi numbas sagetas.**
⇩ ***Tiang lakar meli apoh.***
ich beabsichtigen kaufen eins-Mango
Ich möchte eine Mango kaufen.

⇧ **Inggih, titiang kayun *mābesen* ayam.**
⇩ **Inggih, *tiang nyak mābesen siap.***
gewiss, ich wünschen bestellen Huhn
Ich möchte Huhn bestellen, bitte.

mögen / gern haben

⇧ **lédang/lilā;** ⇩ ***demen/*sukā**	„schätzen/lieben“
⇧ **seneng;** ⇩ ***demen***	„gefallen/mögen“

⇧ **Titiang sukā sajeng.**
⇩ ***Tiang demen tuak.***
ich mögen Palmwein
Ich mag gern Palmwein.

⇧ **Seneng ring Bali?**
⇩ ***Demen di* Bali?**
gefallen in Bali
Gefällt es Ihnen in Bali?

Wer, wie, was?

Allein das Anheben der Stimme am Ende eines Aussagesatzes, erhebt auch fast jeden Satz zum Fragesatz. Die Antwort darauf mag inggih (gewiss) sein oder durung (noch nicht) bzw. kirang (weniger).

⇧ **Uning *mābasā* Bali?**
⇩ ***Tawang mābasā* Bali?**
wissen sprechen Bali
Sprechen Sie die Sprache Balis?

Will man die Frage nach einer bestimmten Information betonen, hängt man die Endsilbe -né an das entsprechende Wort:

⇧ **I *Pāmangkuné* wau rauh?**
⇩ **I *Pāmangkuné marā tekā?***
der Tempelpriester-der gerade kommen
Ist der Tempelpriester gerade gekommen?

⇧ **I *Pāmangku* wauné rauh?**
⇩ ***I Pāmangku marané tekā?***
der Tempelpriester gerade-der kommen
Ist gerade der Tempelpriester gekommen?

Zeit = wann

Für die Frage nach dem Zeitpunkt oder -raum werden unterschiedliche Ausdrücke benutzt, je nachdem, ob es sich um Zukunft oder Vergangenheit handelt:

⇧ **malih *pidan;*** ⇩ ***(buin) pidan***	(später)
⇧ **ring *pidan;*** ⇩ ***pidan***	(früher)

⇧ **Malih *pidan* ngāwitin sasih sabeh?**
⇩ ***Buin pidan nyumunin masā ujan?***
noch wann anfangen Zeit Regen
Wann beginnt die Regenzeit?

⇧ **Ring *pidan* ring Singarajā?**
⇩ ***Pidan di* Singarajā?**
(in) wann in Singaraja
Wann warst Du in Singaraja?

Nach der genauen Uhrzeit fragt man wie im Deutschen mit dem Wort „wie viel“:

⇧ ***Jam* (dauh) *kudā* niki?**
⇩ ***Jam kudā né?***
Stunde (*) wie-viel dies
Wie viel Uhr ist es?

*dauh *steht für eine Zeitspanne von 1,5 Stunden zwischen 6–18 Uhr.*

Menge/Preis = wie viel(e)

⇧ **akudā/kudang-kudang;** ⇩ ***kudā***	wie viel
⇧ **akudang;** ⇩ ***kudang***	wie viele

⇧ **Pangaji kudang-kudang/akudā niki?**
⇩ ***Aji kudā ené?***
Preis wie-viel dies
Wie viel kostet das?

Fragt man auf dem Markt nach dem Preis von Obst und Gemüse, geht es immer um ein Kilo. Vorsichtshalber kann man seine Frage ergänzen: akilo? *ein Kilo?*

Diese Begriffe für „wie viel" werden auch in der Bedeutung „wie" gebraucht:

⇧ **Akudang warsā yusa(n) Jeroné?**
⇩ ***Kudang tiban tuuh ragané?***
wie-viele Jahr Alter(seins) Ihr/Dein
Wie alt sind Sie?

⇧ **Wau kudang odalan okané alit?**
⇩ ***Marā kudā otonan anaké cenik?***
gerade wie-viel Jahresfest Kind-das klein
Wie alt ist das Kind jetzt?

⇧ **Ping kudā?**
⇩ ***Pang kudā?***
mal wie-viel
Wie viel Mal? Wie oft?

Sache = was/welch(e/r/s)

⇧ **(pu)napi;** ⇩ ***apā***	was
⇧ **sané *encén;*** ⇩ ***encén***	welche(-r/-s)

⇧ **Jero pacang ngajengang napi?**
⇩ ***Bapā lakar nginem apā?***
Sie beabsichtigen trinken was
Was wollen Sie trinken?

⇧ **Wénten odalan? Ring kāyangan sané encén?**
⇩ ***Adā odalan? Di purā ané encén?***
sein Jahresfest in Tempel die welche
In welchem Tempel gibt es ein Tempelfest?

(Pu)napi/*apā* werden auch im Sinne von „wie?“ gebraucht:

⇧ **Napi orti?**
was Nachricht
Wie geht's?

⇩ ***Apā ortā?***
was Nachricht
Wie geht's?

Person = wer

Nach Personen fragt man immer mit sirā/*nyen*. „Wessen“ wird umschrieben:

⇧ **Sirā lesu?**
⇩ ***Nyen oon?***
wer müde
Wer ist müde?

⇧ **Sirā mādérbé carik niki?**
⇩ ***Nyen ngelah umā ené?***
wer besitzen Reisfeld dies
Wessen Reisfeld ist dies?

Wer, wie, was?

Sirā/*nyen* in der Bedeutung „wie“:

⇧ **Sirā wastané?**
⇩ ***Nyen andanné?***
wer Name-seins
Wie ist Dein/Ihr Name?

Ort = wo, wohin, woher ...

⇧ **ring *dijā;*** ⇩ ***dijā***	wo
⇧ **lungā *kijā;*** ⇩ ***kijā***	wohin
⇧ **saking *dijā;*** ⇩ ***uli dijā***	woher

⇧ **Ring *dijā* ngrereh *bémo* ring Kintamani?**
⇩ ***Dijā ngalih bémo kā* Kintamani?**
wo suchen Bemo nach Kintamani
Wo finde ich ein Bemo nach Kintamani?

⇧ **(Rauh) saking *dijā?***
⇩ ***(Tekā) uli dijā?***
(kommen) von wo
Woher kommen Sie?

⇧ **Ring *dijā* wit ajiné?**
⇩ ***Dijā* wit *bapané?***
wo Ursprung Vater-seins
Wo stammt (der) Vater her?

⇧ **Jero jagi *kijā* mangkin?**
⇩ ***Ragā lakar kijā jani?***
Sie/Du beabsichtigen wohin jetzt
Wohin wollen Sie jetzt?

Grund/Zweck = warum, wozu, weshalb

⇧ **punapi awinan;**	weswegen
⇩ ***apakranā; nguda/ngudiang***	

⇧ **Punapi awinan wénten banten ring *duur montor?***
was Grund sein Opfergabe in oben Auto
⇩ ***Ngudiang adā* banten *duur montor?***
warum sein Opfergabe oben Auto
Warum liegen Opfergaben auf dem Auto?

Art und Weise = wie

⇧ **sapunapi;** ⇩ ***kénkén***	wie

⇧ **Sapunapi *Ketut* ring Bangli?**
⇩ ***Kénkén Ketut kā* Bangli?**
wie Ketut nach Bangli
Wie will Ketut nach Bangli gelangen?

Sapunapi/*kénkén* heißen „wie" im Sinne von „auf welche Weise?". Im Deutschen wird das „wie" auch noch in ganz anderem Sinne gebraucht, daher können auch nicht alle deutschen „Wie-Bedeutungen" mit dem gleichen Wort in der *basā* Bali wiedergegeben werden (siehe oben).

⇩ ***Sing kénkén?***
nichts wie
Kein Problem!

Ja, nein, nicht & Co.

Direkt „nein" zu sagen, stört die Harmonie und gilt als plump. Indirekt sagt man:

⇧ **Pamit.**
mich-entschuldigen
Nein, danke!

⇧ **Titiang kirang kayun.**
⇩ ***Tiang kuang nyak.***
ich wenig wünschen
Das ist nicht mein Fall!

„Ja" sagen hingegen geht mit:

⇧ **Inggih.**
gewiss
Ja okay.

⇩ ***Sing kénkén!***
nicht wie
Kein Problem!

Zur Verneinung gibt es folgende Wörter:

⇧ **tan/nénten;** ⇩ ***(tu)sing/tuarā***	nein/nicht(s)/kein/ ohne/un-
⇧ **durung;** ⇩ ***tondén/kondén***	noch nicht
⇧ **durung naénin;** ⇩ ***tondén taén / sing taén***	noch nie
⇧ **sampunang;** ⇩ ***(e)dā***	nicht doch, sei nicht, nicht tun
⇧ **kirang;** ⇩ ***kuang***	wenig(er)

⇧ **Ampurā titiang tan uning.**
⇩ **Ampurā** ***tiang sing tawang.***
verzeihen ich nicht wissen
Verzeihen Sie, ich weiß es nicht.

⇧ **Sajeng tan wénten ring *restoran.***
⇩ ***Tuak sing adā di restoran.***
Palmwein nicht sein in Restaurant
Im Restaurant gibt es keinen Palmwein.

⇧ **Ulā puniki tan ilā-ilā.**
⇩ ***Lelipi ené tusing bayā.***
Schlange dies nicht gefährlich
Diese Schlange ist ungefährlich.

⇧ **Sampun ring Klungkung? Durung!**
⇩ ***Subā di Klungkung? Tondén!***
bereits in Klungkung noch-nicht
Bist Du schon in Klungkung gewesen?
Nein, noch nicht!

⇧ ***Nyoman* durung naénin ring *duur gunung* Batur.**
⇩ ***Nyoman tondén taén duur gunung* Batur.**
Nyoman noch nie (in) oben Berg Batur
Ich war noch nie auf dem Batur.

⇧ **Titiang tan māduė jinah jangkep.**
⇩ ***Tiang sing ngelah pipis nyandang.***
ich nicht besitzen Geld genug
Ich habe nicht genug Geld.

Verbote/Empfehlungen können so klingen:

⇧ **Sampunang ngrayunan nganggén tangan kiwā!**
⇩ ***Dā mādaar nganggon limā* kiwā!**
nicht-tun essen gebrauchen Hand links
Iss nicht mit der linken Hand!

Ja, nein, nicht & Co.

Anstatt „mit“ oder „ohne“ sagt man bei Speisen und Getränken „zum Inhalt habend“ oder „nicht zum Inhalt habend“:

⇧ **wedang kopi mādaging toyā nurojā**
⇩ ***kopi misi yéh nyonyo***
(heißes-Getränk) Kaffee beinhaltend Wasser Euter
Kaffee mit Milch

⇧ **ajengan tan mādaging ulam**
⇩ ***nasi sing misi bé***
Reisspeise nicht beinhaltend Fleisch
Reis ohne Fleisch

⇧ **tan mādaging pépedes**
⇩ ***sing misi tabiā***
nicht beinhaltend Chili
ohne Chili

⇧ **tan pedes**
⇩ ***sing lalah***
nicht scharf
nicht scharf

Hier, dort, oben & unten

Mit folgenden Wörtern wird der Ort bestimmt, z. B. als Antwort auf „wo?“.

⇧ **iriki;** ⇩ ***dini***	hier
⇧ **irikā;** ⇩ ***kemā/ditu***	dort
⇧ **mrikā;** ⇩ ***kemā***	dorthin
⇧ **mriki;** ⇩ ***mai***	hierher
⇧ **ring *duur;*** ⇩ ***duur***	oben
⇧ **sor;** ⇩ ***betén***	unten
⇧ **ring *samping;*** ⇩ ***di samping***	neben
⇧ **ring;** ⇩ ***kā***	nach/zu(m)
⇧ **ring;** ⇩ ***di***	in/an/am
⇧ **ring;** ⇩ ***tekén***	an (wen)
⇧ **saking;** ⇩ ***uli***	von

⇧ **Iriki ring *gunung-gunung* wénten wenarā.**
⇩ ***Dini di gunung-gunung adā bojog.***
hier in Berg-Berg sein Affe
Hier gibt es Affen in den Bergen.

⇧ **Ring kebonan i aji akeh mādué wit klapā.**
⇩ ***Di abian i bapā liu ngelah punyan nyuh.***
in Garten der Vater viel besitzen Baum Kokosnuss
Vater hat viele Kokospalmen im Garten.

⇧ **Tampek saking iriki toyā panes.**
⇩ ***Paek uli dini yeh kebus/*panes.**
nahe von hier Wasser heiß
Hier ganz in der Nähe gibt es heiße Quellen.

⇧ **Ring *duur méjane* pisang.**
⇩ ***Duur mejané biu.***
(in) oben Tisch-der Banane
Auf dem Tisch liegt eine Banane.

⇧ **Ring *dijā* wit ajiné?**
⇩ ***Dijā* wit *bapané?***
wo Ursprung Vater-seins
Wo stammt der Vater her?

⇧ **Wit ipun saking iriki.**
Ursprung er von hier
⇩ **Witné *uli dini.***
Ursprung-der von hier
Er stammt von hier.

⇧ **Yéning asapunikā titiang tan kayun ring mrikā.**
wenn so ich nicht wollen nach dorthin
⇩ ***Yén kéto tiang sing nyak kema.***
wenn so ich nicht wollen dorthin
Wenn das so ist, dann möchte ich nicht dorthin.

⇧ ***Guntur* jagi lungā ring Gunung Agung.**
⇩ ***Guntur lakar luas kā* Gunung Agung.**
Guntur wollen gehen zu Gunung Agung
Ich will zum Gunung Agung gehen.

⇧ **Titiang nuturin *satuané* ring okā-okané.**
⇩ **Tiang *māsatuā satuané tekén anak-anaké.***
ich erzählen Geschichte-die zu Kind-Kind-das
Ich erzähle die Geschichte den Kindern.

Der Bali-Satz

Die normale Wortstellung des Aussagesatzes ist:

wer/was?	Tätigkeit	wen/was?
⇧**Titiang**	**jagi numbas**	**sagetas.**
⇩***Tiang***	***lakar meli***	***apoh.***
ich	*beabsichtigen kaufen*	*eins-Mango*
Ich möchte eine Mango kaufen.		

Wo was geschieht, steht in der Regel am Ende des Satzes:

⇧**Biangé titiangé ngrateng *ubi* ring pāwaregané.**
⇩***Memé(n) tiangé ngelalah ubi di paoné.***
Mutter-seins mein kochen Knolle in Küche-der
Meine Mutter kocht Knollen in der Küche.

Wohin die Handelnden gehören, wird der Satzaussage nachgeordnet. Also:

⇧**Jadmané ring Bali *dinuju* Galungané sami ngaturang banten**
⇩***Anaké di* Bali *dinuju* Galungané *makejang* ngaturang banten.**
Menschen-die in Bali während Galungan-der alle darbringen Opfergaben
Die Menschen in Bali bringen alle während des Galunganfestes Opfergaben dar.

aber: ⇧ **Dané *dinuju* Galungané ngaturang banten ring sétra.**
⇩ ***Idā dinuju* Galungané ngaturang banten *di semā.***
sie während Galunganfest-der darbringen Opfergaben in Gräberfeld
Während des Galunganfestes bringen sie Opfergaben auf den Gräbern dar.

⇧ ***Madé* mātakén ring titiang indik kitab titiangé.**
⇩ ***Madé mātakon tekén tiang unduk bukun tiangé.***
Made fragen an ich bezüglich Buch mein
Made fragt mich nach meinem Buch.

welcher, welche, welches ...

Die Anbindung eines erläuternden Nebensatzes an ein bestimmtes Wort im übergeordneten Satz erfolgt im Deutschen mit „welche(r/s)" oder „der ‚die ‚das". In der *basā* Bali wird dafür (s)ané verwendet:

⇧ ***raré* sané sungkan**
⇩ ***raré ané gelem***
Säugling welcher krank
der kranke Säugling

⇧ **sané tiosan ring punikā**
⇩ ***ané lénan tekén ento***
welcher verschieden gegenüber jenes
was davon verschieden ist

Und, wenn, aber ...

Die *basā* Bali kennt viele Varianten von „und" mit diversen Nebenbedeutungen:

⇧ **miwah;** ⇩ ***muah/lan***	und
⇩ ***tur***	und, (auch) noch
⇩ ***tekén***	und

⇧ **Titiang miwah sawitrā titiangé sampun māmasar.**
⇩ ***Tiang muah timbal tiangé subā māmeken.***
ich und Freund mein bereits zum-Markt-gehen
Ich bin mit meinem Freund bereits zum Markt gegangen.

Aufzählungen werden häufig so beendet:
⇧ miwah sané tiosan
⇩ *muah ané lénan*
„und so weiter".

⇧ **nganggé;** ⇩ ***tekén/nganggon***	mit
⇧ **antuk;** ⇩ ***tekén***	von
⇧ **ring;** ⇩ ***tekén***	an, zu, bezüglich

Besonders vielseitig wird tekén verwendet.

⇧ **I *tamiu* polih *gambaran* antuk *tukang gambar.***
⇩ ***I tamiu maan gambaran tekén tukang gambar.***
der Tourist erhalten Bild von Meister Bild
Der Tourist erhält ein Bild vom Künstler.

⇧ **Sawitrā titiangé nunas tambah ring dukun.**
⇩ ***Timpal tiangé idih ubad tekén balian.***
Freund mein erbitten Medizin von Heiler
Mein Freund erbittet Medizin vom Heiler.

Und, oder, aber ...

wenn

⇧**yéning;** ⇩***yén/yan***	wenn
⇧**(sa)kéwanten;** ⇩***(sa)kéwalā***	nur, (wenn) aber
⇧**antuk;** ⇩***(sa)wiréh***	weil, deswegen

⇧**Yéning tan wénten endog miwah ulam, titiang kayun *bubuh injin.***
⇩***Yén sing adā taluh tekén bé, tiang nyak bubuh injin.***
wenn nicht sein Ei und Fleisch, ich wünschen Brei schwarzer-Reis
Wenn es keine Eier und kein Fleisch gibt, nehme ich Schwarz-Reis-Pudding.

⇧**Sakéwalā jadmā-jadmā ring *pondok,* wenarā-wenarā punikā tan purun m(e)rikā.**
⇩***Sakéwanten anak-anak di pondok, bojog-bojog ento tusing bani kemā.***
aber-wenn Mensch-Mensch in Hütte, Affe-Affe jenes nicht kühn dorthin
Wenn jedoch Menschen in der Hütte sind, sind die Affen nicht kühn genug dorthin zu kommen.

⇧**Antuk wénten sabeh semeton tiangé tan māmargi.**
⇩***Sawiréh adā hujan i ragā makejang sing mājalan.***
Grund sein Regen wir(2/3 Worte) nicht verreisen
Weil es regnet, machen wir uns nicht auf den Weg.

Vor- und Nachsilben

Die Wörter der *basā* Bali lassen sich durch Vorsilben, aber auch durch Nachsilben in ihrer Bedeutung verändern. So werden etwa Haupt- und Eigenschaftswörter zu Tätigkeitswörtern und umgekehrt. Leider sind die Regeln so unregelmäßig, dass es sich kaum lohnt sie zu erlernen. Daher werden die wichtigsten Formen in diesem Buch wie eigene Wörter behandelt. Falls Sie irgendwann ein Lexikon benutzen wollen, sollten Sie doch schon von Vorsilben wie *mā, nyā* oder *ngā* gehört haben. Ein paar Beispiele:

⇧ **baktā**	⇩ ***abā***	bringen, bringe!
⇧ **maktā**	⇩ ***ngabā***	(mit/her)bringen, mitnehmen
⇧ **mābaktā**	⇩ ***mabā***	mitgebracht
⇧ **kābaktā**	⇩ ***kabā***	gebracht (von)
⇧ **baktanā**	⇩ ***abanā***	(es) wird gebracht
⇧ **maktaang**	⇩ ***ngabaan***	jmd. etw. bringen lassen
	⇩ ***abaangā***	was mitgebracht wird
⇧ **bebaktaan**	⇩ ***abā-abaan***	Sachen, die gebracht werden
⇧ **tumbas**	⇩ ***beli***	kaufen, kaufe!
⇧ **numbas**	⇩ ***meli***	kaufen, (etwas) erwerben
⇧ **mātumbas**	⇩ ***mābeli***	gekauft
⇧ **kātumbas**	⇩ ***kābeli***	wird gekauft (von)
⇧ **numbasang**	⇩ ***meliang***	kaufen lassen
⇧ **kātumbasang**	⇩ ***kābeliang***	gekauft werden
⇧ **pānumbas**	⇩ ***pāmeli***	Geld für den Kauf
	⇩ ***beli-belian***	Sachen zum Kaufen

Eins, zwei, drei ...

Das Zahlensystem ist kompliziert, weil besonders wichtige Zahlen aus dem Rahmen des Systems fallende Bezeichnungen haben:

Für die Zahlen 1–5 und 7 ist auf der kommenden Seite jeweils in eckigen Klammern die abweichende Grundzahl angegeben, die z. B. bei Rechenaufgaben verwendet wird.

18	**pelekutus**	
25	**slaé/selawé**	Faden mit 25 aufgefädelten *pipis bolong*
35	**(pa)sasur**	
45	**setima(ha)n**	
50	**séket/seiket**	zwei Fäden (s. o.)
75	**telung benang**	drei Fäden (s. o.)
80	**ulung dasā**	*(8 10)*
150	**k(a)rob(e)lah**	
175	**lebak**	
200	**bangsit/satak**	Bund mit 200 *pipis bolong*
400	**samas**	
600	**telung atak**	
800	**domas**	
900	**sangā**	
1.200	**siu satak / nem bangsit**	sechs 200er Bündel
1.400	**pitung bangsit**	sieben 200er Bündel
1.600	**sepā**	

Die Zahlen von 1–29 sollte man so auswendig lernen, dann hat man schon einen guten Grundstock zur Bildung der restlichen Zahlen, abgesehen von den obigen Ausnahmen, ist alles eher regelmäßig:

1	***a- [(sa)besik]***	11	***solas***	21	***selikur***
2	***duang [duā]***	12	***roras***	22	***dualikur***
3	***telung [telu]***	13	***telulas***	23	***telulikur***
4	***petang [pat]***	14	***patbelas***	24	***patlikur***
5	***limang [limā]***	15	***limolas***	25	***selaé***
6	***nem***	16	***nembelas***	26	***nemlikur***
7	***pitung [pitu]***	17	***pitulas***	27	***pitulikur***
8	***kutus/ulu***	18	***pelekutus***	28	***ululikur***
9	***siā***	19	***singolas***	29	***sangalikur***
10	***dasā***	20	***duang dasā***	30	***telung dasā***

Die runden Zehnerzahlen sind fast regelmäßig und werden wie bei 20 und 30 immer aus der Zahlwort und *dasā* (zehn) gebildet (bis auf 50 und 80, siehe links).

Die Regelmäßigen:
40 petang dasā
60 nem dasā
70 pitung dasā
90 siā dasā

Unter den runden Hunderterzahlen gibt es fünf unregelmäßige (200, 400, 600, 800, 900), aber der Rest wird mit *atus* gebildet. Die runden Tausenderzahlen werden (bis auf 1000, 10.000, 100.000) regelmäßig mit dem Zahlwort und *tali* gebildet:

		Wörtlich:
100	***satus***	*1-100*
300	***telung atus***	*3-100*
1000	***siu***	*1000*
2000	***duang tali***	*2-1000*
3000	***telung tali***	*3-1000*
10.000	***dasā tali / alaksā***	*10-1000 / 1-10.000*
20.000	***duang laksā***	*2-10.000*
100.000	***satus tali / aketi***	*100-1000 / 1-100.000*
200.000	***satak tali / duang keti***	*200-1000 / 2-100.000*
1.000.000	***ayutā***	*1-Mio*
2.000.000	***duang yutā***	*2-Mio*

Eins, zwei, drei ...

An die runden Zehner-, Hunderter- und Tausenderzahlen werden die jeweils niedrigeren gehängt, und zwar 1–5 und 7 als Grundzahlen (in eckigen Klammern, siehe oben).

31	***telung dasā besik***	*(3-10-1)*
32	***telung dasā duā***	*(3-10-2)*
33	***telung dasā telu***	*(3-10-3)*
115	***satus limolas***	*(1-100-15)*
1009	***siu siā***	*(1000-9)*

In Antworten auf die Frage „wie viele?“ kann man vielfach folgende intensivierte Zahlworte hören: 2 = daduā/kakalih, 3 = tetelu/tetigā, 4 = patpat, 5 = lelimā, 6 = nemnem, 7 = pepitu, 8 = akutus, 9 = asiā, 10 = adasā.

Für die Ziffern 1–3 gibt es auch mit Vorliebe verwendete respektsprachliche Worte:

1	**sa- (sabesik)**
2	**kalih/ro**
3	**tigang (tigā)**

Stück, Blatt, Paar etc.

Will man etwas zählen, muss ein „Klassifizierer“ hinter die Zahl treten. Im Deutschen kennt man z. B. „Stück“, „Blatt“, „Paar“ und allenfalls noch „Mann“. In *basā* Bali gibt es gut zwei Dutzend davon. Hier die Wichtigsten:

diri	selbst = „ZW-Mensch“
ukud	Schwanz = „ZW-Tier“
bungkul	Rundliches = „ZW-Stück“
puun	Baum = „ZW-Holz“
bulih	Längliches = „ZW-Stück“
paon	Küche = „ZW-Haushalt“

⇧ **jadmā *Eropa* kalih *diri***
⇩ ***anak Eropa duang diri***
Mensch Europa zwei Mensch
zwei Europäer

⇧ ***kebo* tigang *ukud***
⇩ ***kebo telung ukud***
Wasserbüffel drei Tier
drei Wasserbüffel

⇧ **getas *siā bungkul***
⇩ ***poh siā bungkul***
Mango neun Stück
neun Mangos

In der Respektsprache wird für „ein Tier/Mensch/Stück" meist asiki *verwendet, während in der Volkssprache ein* a- *vor das entsprechende Zählwort (ZW) gesetzt wird, z. B.:* adiri = *ein Mensch-ZW,* aukud = *ein Tier-ZW.*

⇧ **wit klapā *limang puun***
⇩ ***punyan nyuh limang puun***
Baum Kokosnuss fünf Baum
fünf Kokospalmen

⇧ **payung *dasā bulih***
Schirm zehn Stück
zehn Schirme

⇧ ***kulawargā kutus paon***
⇩ ***pākurenan kutus paon***
Familie acht Küche
acht Familien

kultische Zahlen

Elf altindische Sanskrit-Zahlen kommen nur in kultischen Begriffen vor:

1	**eka**	5	**panca**	9	**nawa**
2	**dwi / dui**	6	**sad**	10	**catur**
3	**tri**	7	**sapta**	11	**eka dasa**
4	**dasa**	8	**asta**		

erste, zweite, dritte

Die Grundzahlen werden zu Ordnungszahlen, indem man davor kāping setzt und das Ganze dem Hauptwort nachstellt:

1.	**kāping abesik**
2.	**kāping kalih**
3.	**kāping tigā**
4.	**kāping petang**
5.	**kāping limang**

⇧ **warsané kāping *dasā***
⇩ ***tibané* kāping *dasā***
Jahr-das mal-sein zehn
das zehnte Jahr

⇧ **rahinā kāping *selaé***
⇩ ***dinā* kāping *selaé***
Tag mal-sein 25
der 25. Tag

Bruchzahlen

Die meist verwendeten Brüche sind:

⇧ **prapat;** ⇩ ***pah pat***	ein Viertel
⇧ **tigā ping prapat;** ⇩ ***telu pang pah pat***	drei Viertel
⇧ **tigā prapat; apah tigā** ⇩ ***pah telu***	ein Drittel
⇧ **apah kalih kilo;** ⇩ ***atengā-kilo***	ein halbes Kilo

Zeit & Datum

Abgesehen von den komplizierten Kalendersystemen in Bali, die in den Konversationskapiteln vorgestellt werden, gibt es noch mehr zu erklären zum Thema Zeit.

Zeiträume

⇧ **kalā**; ⇩ ***masā*, kalā**	Zeit/Saison
⇧ **taun, warsā**; ⇩ ***tiban***	Jahr
⇧ **bulan/sasih**	Monat (35 Tage)
⇧ **minggu**; ⇩ ***(w)uku, saptawarā***	7-Tage-Woche
⇧ **rahinā**; ⇩ ***dinā, wai***	Tag
jam	Stunde
menit	Minute

Das Wort kalā *bedeutet zugleich „bösartiger Dämon", aber auch „übler Charakter". Den Hindus gilt die Zeit als ein riesiger alles verschlingender Dämon.*

⇧ **tigang rahinā sané sampun-sampun**
⇩ ***telung dinā ané subā-subā***
drei Tag welcher vorbei-vorbei
vor drei Tagen

⇧ **pitu taun malih *pidan***
⇩ ***pitu tiban buin pidan***
sieben Jahr noch wann
nach 7 Jahren

⇧ **durian**
nächster
nächsten Tag

⇧ **Odalan tigang rahinā suéné.**
⇩ **Odalan *telung dinā makeloné.***
Tempelfest drei Tag Länge-seins
Das Tempelfest dauert drei Tage.

⇧ **margā *pitung* tiban suéné**
⇩ ***jalan pitung masā makeloné***
Reise sieben (Jahr/)Zeit Länge-seins
eine Reise, die sieben Jahre dauert

Soll betont werden, dass etwas morgen, aber nicht heute oder irgendwann oder überhaupt nicht stattfinden soll, so hält man sich an bénjang-bénjang mani-manian, was wörtlich „morgen-morgen" bedeutet.

Zeitpunkt

⇧ **rahinané mangkin;** ⇩ ***dinané jani***	heute/jetzt
⇧ ***nuju* rahinā;** ⇩ ***nuju dinā***	heute; dieser Tag
⇧ **ring *dibi;*** ⇩ ***dibi***	gestern
⇧ **bénjang;** ⇩ **buin *mani***	morgen
⇧ **mangkin;** ⇩ ***jani***	jetzt
⇧ **pramangkin;** ⇩ ***prajani***	sofort

⇧ **odalané sané bénjang**
⇩ **odalané *ané buin mani***
Tempelfest-das welches morgen
das morgige Tempelfest

⇧ **odalan sané dumun**
⇩ **odalan *ané malu***
Tempelfest welches vorher
das letzte Tempelfest

⇧ **semeng;** ⇩ ***semengan***	Morgen, morgens
⇧ **rahinā;** ⇩ ***lemah***	Mittag, mittags
⇧ **sandé, soré;** ⇩ ***sanjā***	Nachmittag
⇧ **wengi;** ⇩ ***peteng***	Nacht, Abend
⇩ ***pāsemengan***	früh morgens
⇩ ***pradang***	sehr früh morgens

⇧ **ring *madiā* rainā;** ⇩ ***di tengah dinā***	in der Tagesmitte
⇧ **lingsir**	Tageszeit nach Sonnenhöchststand
⇧ **lingsir *teduh***	Zeit gegen 15 Uhr
⇧ **lingsir sandé;** ⇩ **lingsir *sanjā***	Spätnachmittag
⇧ ***madiā* wengi** ⇩ ***tengah lemeng***	Mitternacht
⇧ **candrā**	Mond
⇧ **purnamā;** ⇩ ***purnacandrā***	Vollmond
⇩ ***tilem***	Neumond

⇧ **wenginé mangkin**
⇩ ***petengé jani***
Nacht-die jetzt
heute Nacht

⇧ **semeng pisan**
⇩ ***semengan pesan***
Morgen sehr
frühmorgens

⇧ **Bénjang purnamā.**
⇩ **Buin *mani purnacandrā.***
(noch) morgen Vollmond
Morgen ist Vollmond.

⇧ **ring *dibi* wengi**
⇩ ***dibi peteng***
(in) gestern Nacht
gestern Nacht

⇧ **kalā wengi**
⇩ ***masā peteng***
Zeit Nacht
abends

⇧ **semeng puniki**
⇩ ***semengan ené***
dies Morgen
heute Morgen

Wenn die Menschen in Bali eine bestimmte Zeit nennen, dann halten sie sich auch daran. Allerdings sind viele Veranstaltungen eben auch unabhängig von der Zeit: Bei Tempelfesten beginnen die Tänze und Spiele dann, wenn die Gottheit ihre Erlaubnis signalisiert.

⇧ ***Guntur* budal *madiā* wengi.**
⇩ ***Guntur mulih tengah peteng.***
Guntur zurückkehren Mitte Nacht
Ich werde mitten in der Nacht zurückkehren.

Abgesehen von diesen Tagesabschnitten benennt man traditionell auf Bali auch einen Abschnitt von ca. 1,5 Stunden mit *dauh*. Die verschiedenen *dauh* haben jeweils eigene Namenszusätze, etwa:

dauh pisan	6–7.30 Uhr (früheste *dauh*)
dauh kutus	17.30–18 Uhr (letzte *dauh*)

In Bali richtet man sich traditionell nach dem Sonnenstand. Wer die Zeit ganz exakt wissen will, kann sie auf Indonesisch oder Englisch erfragen.

⇧ ***Jam* kudang-kudang?**
⇩ ***Jam kudā?***
Stunde wie-viel
Wie viel Uhr?

⇧ **Mangkin sawetarā *jam* tigā *limolas.***
⇩ ***Jani* sawetarā *jam telu limolas.***
jetzt ungefähr Stunde drei fünfzehn
Jetzt ist es ungefähr Viertel nach drei.

⇧ **(a)jebos;** ⇩ ***(a)kejep***	einen Moment; gleich
⇧ **wau;** ⇩ ***marā***	soeben/gerade
⇧ **malih *pidan*** ⇩ ***buin pidan***	nach/nachher
⇧ **sané sampun-sampun** ⇩ ***ané subā-subā***	vor/bevor
⇧ **sépanan;** ⇩ ***kasép***	(zu) spät
⇧ **malih;** ⇩ ***buin***	(dazu) noch

⇧ **kantun/kari;** ⇩ ***(e)nu***	noch
⇧ **wantah;** ⇩ ***tuah***	nur
⇧ **sering;** ⇩ ***sai-sai***	oft
⇧ **tansah;** ⇩ ***setatā***	immer

⇧ **Malih ajebos.**
⇩ ***Buin akejep.***
noch Moment
Einen Augenblick noch bitte!

⇧ **Jantosang dumun jebos!**
⇩ ***Antiang malu kejep!***
warten erst Moment
Warte erst einen Augenblick.

Jahreszeit

In Bali gibt es nur zwei Jahreszeiten: die Regenzeit und die Trockenzeit.

⇧ ***masā*** **sabeh**
⇩ ***masā ujan***
Zeit Regen
Regenzeit

⇧ ***masā*** **galang**
⇩ ***masā*** **panes**
Zeit (klar/)heiß
Trockenzeit

⇩ ***ujan masā***
Regen Monsun
Monsunregen

⇧ **Malih *pidan* ngāwitin sasih sabeh?**
⇩ ***Buin pidan nyumunin masā ujan?***
noch wann anfangen Saison Regen
Wann beginnt die Regenzeit?

Die arabischen und vor ihnen die südindischen Seefahrer und Handelsleute sind mit dem trockenen, vom Festland kommenden Nordwestmonsun im Mai bis September nach Indonesien gelangt. Um zurückzusegeln, waren sie auf den nassen, vom Meer her kommenden Südostmonsun von Oktober bis März angewiesen.

Kurz-Knigge

Die *anak* Bali sind von Hause aus tolerant. Dass einige Touristen diese Toleranz gelegentlich überstrapazieren, lassen sie einen meist nicht spüren. Wenn Sie jedoch wirklichen Respekt, wirkliches Interesse und vielleicht auch ein bisschen Zuneigung für eine reizvolle Kultur und liebenswerten Menschen aufbringen, wird es Ihnen zweifellos gelingen, die verteufelsten Fettnäpfchen elegant zu überspringen.

Zur Kleidung wäre anzumerken: Die obere Hälfte des Menschen steht unter den Einfluss der Gottheiten, die untere ist dämonischen Kräften ausgesetzt. Die Trennlinie dazwischen wird in der festlichen Tracht durch den Hüftschal *slémpot* markiert. Es gilt die Beine immer bedeckt zu halten. Man trägt daher - außer am Strand - am besten lange Hosen, Frauen gegebenenfalls knielange Röcke. Wer sich darüber hinwegsetzt, wird nicht besonders ernst genommen. Weil der Oberkörper zum göttlichen Bereich gehört, ließen ihn urspünglich Männer wie Frauen unbedeckt. Wenige alte Frauen halten sich heute noch daran. Innerhalb der heiligen ummauerten Badeplätze bewegt man sich allgemein zwangslos. Da einst ein prüder Kolonialgouverneur Frauen ins Gefängnis steckte, wenn sie sich allzu freizügig in der Öffentlichkeit bewegten, hat man natürlich heute wenig Verständnis dafür, wenn ausgerechnet europäische Frauen oben ohne ins Meer springen. Die Mädchen aus Bali tun das jedenfalls heute nicht mehr. Im Übrigen machen sich auch die Männer, die am Badeplatz die Mädchen anstarren, ziemlich lächerlich.

Landschaften, Tempel oder den Trubel bei Zeremonien zu fotografieren, ist möglich. Doch bitte nicht blitzen ohne zuvor um Erlaubnis zu bitten. Einzelne Personen ungefragt zu fotografieren, gilt in jedem Falle als nicht besonders höflich.

Freizeittracht sollte man nur da tragen, wo es angebracht ist: am Strand. Komischerweise dringen manchmal Leute, die zu Hause niemals auf die Idee kämen, eine Kirche im Badedress zu betreten, in lockerer Aufmachung in den heiligen Bezirk der Tempel ein. Ein Tempel kann aber wirklich nur in ordentlicher Bekleidung besucht werden – so viel Respekt muss schon sein. Außerdem darf man ihn nur mit einem *slémpot*-Schal um die Hüfte betreten. Bei Tempelfesten sollte man auch ein wastrā/*kamben*-Hüfttuch tragen. Das wird zwar nicht überall verlangt, wird aber überall als höflich anerkannt.

Blut verunreinigt den Tempel. Männer mit offenen Wunden oder Frauen, die ihre Tage haben, können daher unter diesen Umständen heilige Bezirke nicht betreten. Es hat tatsächlich rücksichtslose Leute gegeben, die das nicht respektiert haben, deshalb sind heute manche Tempel für Touristen generell nicht mehr zugänglich.

Gebrauchte Wäsche ist unrein, auch in nassem gewaschenen Zustand. Da Unreinheit ansteckend ist, wird Wäsche niemals so aufgehängt, dass jemand mit ihr in Berührung kommt oder darunter herlaufen muss. Wäscheleinen werden sogar als Schranken angeordnet, um bösen Geistern und schlechten Menschen den Zutritt zu verwehren.

Bitte auch auf die Mauer um einen Tempel, ein Gehöft oder eine Badeplatz nichts hinlegen (schon gar keine Handtücher oder Kleidungsstücke). Die Verunreinigung könnte den üblen Dämonen einen Weg ins Innere bahnen. Und auf gar keinen Fall (auch nicht zum Fotografieren oder Filmen) auf Mauern steigen. Die gegebenenfalls nötigen Reinigungszeremonien könnten ein tiefes Loch in die Reisekasse reißen.

Es ist besser sich zu klein machen, als zu groß sein! In Europa ist es höflich, vor jemanden aufzustehen. In Bali sollte man sich setzen um klein und bescheiden zu wirken. Bei einer Zeremonie sollte niemand den Priester überragen. Daher suchen sich alle, die eine Tempelfest aufsuchen, als Erstes einen Platz zum Niederkauern.

Bitte auch nicht mit den Fingern oder im Sitzen mit den Fußsohlen auf andere Leute oder auf Götterschreine weisen.

Sich „zackig“ zu bewegen, die Arme in die Hüfte zu stemmen, wie ein Raksasā oder eine Raksasi, ist sicherlich nicht verboten. Aber es wirkt auf die *anak* Bali erschreckend und löst Angst aus. Der weiche anschmiegende Bewegungsduktus der Einheimischen ist angesichts des Klimas für die Gesundheit wesentlich zuträglicher.

Floskeln & Redewendungen

Grußformen gibt es im Alltag Balis nicht. Bekannte fangen einfach an ganz zwanglos zu sprechen. Unbekannte erkundigen sich, wenn sie jemanden treffen, nach dem Namen und dem Wohin.

Aus den Namen der *anak* Bali ist zu erkennen, ob es sich um einfache Menschen handelt, mit denen wir uns in der Volkssprache unterhalten können, oder ob sie von edler Abkunft sind und daher erwarten, dass man sie mit der Respektsprache anredet. 95 % der *anak* Bali gehören nicht zum Adel und führen einen der folgenden Namen:

Die Namen bezeichnen die Kinder einer Mutter in der Reihenfolge ihrer Geburt von 1. bis 4. Ab dem 5. Kind geht es wieder von vorne los mit Wayan.

⇩ ***Wayan/Putu***	Erstgeborener
⇩ ***Madé/Nengah, Kadé(k)***	Zweiter
⇩ ***Nyoman/Komang***	Dritter
⇩ ***Ketut***	Vierter

Es handelt sich um Unisex-Namen, sie sind für beide Geschlechter gleich. Im Zweifelsfall bringen die Geschlechtsanzeiger I und Ni Klarheit: I Wayan ist „der Wayan", Ni Wayan ist „die Wayan".

respektsprachliche Begrüßung

⇧ **Sirā wastané?**	⇧ **Wastan titiangé ...**
wer Name-seins	*Name mein*
Wie ist Ihr Name?	Mein Name ist ...

⇧ **Jero māwastā?**
Sie/Du heißen
Wie heißen Sie?

⇧ **Māwastā *Guntur.***
heißen Günter
Mein Name ist Günter.

volkssprachliche Begrüßung

⇩ ***Nyen andanné?***
wer Name-seins
Wie ist Dein Name?

⇧ **Jero *mādan?***
Sie/Du heißen
Wie heißen Sie?

⇩ ***Adan tiangé Wayan.***
Name mein Wayan
Mein Name ist Wayan.

Auch wenn die Frage nach Ihrem Namen auf Englisch mit What's your name? *gestellt wurde, können Sie natürlich in der* basā Bali *antworten.*

Damit deutlich ist, dass Sie nicht adelig sind und man Sie in der Volkssprache ansprechen kann, nennen Sie sich „Erstgeborener, Zweiter, Dritter, Vierter" eventuell auch in Kombination mit Ihrem richtigen Namen:

Einem die Linke zum Gruß hinzustrecken, wird als schwere Beleidigung aufgefasst.

⇩ ***Adan tiangé I Wayan Guntur!***
Name mein der Erstgeborene Günter
Mein Name ist „Wayan" Günter.

⇩ ***Mādan Wayan Guntur.***
heißen Erstgeborene Günter
Ich werde „Wayan" Günter genannt.

Wird nach dem Befinden gefragt:

⇧ **Napi orti?**
was Nachricht
Wie geht's?

⇩ ***Apā ortā?***
was Nachricht
Wie geht's?

⇩ ***Kénkén kabaré?*** ⇧ **Becik-becik.**
wie Nachricht *gut-gut*
Wie geht's? Mir geht's gut.

Verabschieden

Die Verabschiedung ist sehr sehr wichtig. Den Gastgeber, die Gruppe der Bekannten, oder auch die Gottheit im Schrein bittet man, sich verabschieden zu dürfen.

Beim Verabschieden wird immer die Respektsprache bevorzugt.

⇧ **Titiang pamit.**
⇩ ***Tiang* pamit.**
ich mich-entschuldigen
Ich bitte gehen zu dürfen.

⇧ **Inggih, rarisang māmargi.**
⇩ **Inggih, raris *mājalan.***
gewiss, bitte gehen
Bitte sehr, kommen Sie gut nach Hause.

Danken, bitten & entschuldigen

Das Wort „danke" gab es in Bali ursprünglich nicht, ein freundliches Lächeln genügte. In der Respektsprache gibt es nach indonesischem Vorbild ein Wort für „danke", aber dieses ist beim Volk wenig geläufig. „Bitte sehr" als Antwort wird umschrieben:

⇧ **Matur suksmā.** ⇩ ***Terima kasih.*** *(Indon.!)*
sprechen Wohlwollen *annehmen Gunst*
Danke sehr. Danke sehr.

⇧ **Inggih.**	⇩ ***Samā-samā.***
gewiss	*dasselbe*
Ja.	Bitte sehr.

Eine höfliche Bitte weitergehen zu dürfen, wenn man sich auf einem engen Pfad begegnet, ist:

⇧ **Titiang nyelangin Jero margi jebos.**
⇩ ***Tiang nyilihin Pak jalan kejep.***
ich entleihen (Sie/)Herr Straße Moment
Ich bitte vorbeigehen zu dürfen.

⇧ **Tulungin manggihin kāyangan *désā.***
⇩ ***Nulungin nepukin purā désā.***
helfen sehen Tempel Dorf
Wo ist bitte der Dorftempel?

⇧ **Nunas toyā.**
⇩ ***Ngidih yeh.***
erbitten Wasser
Bitte geben Sie mir Wasser.

⇧ **Ampurā titiang (Jero) titiang jagi mātakén.**
⇩ **Ampurā *tiang (pak) tiang lakar mātakon.***
verzeihen ich (Sie/Herr) ich beabsichtigen fragen
Darf ich Sie etwas fragen?

⇧ **Ampurā titiang tan uning.**
⇩ **Ampurā *tiang sing tawang.***
verzeihen ich nicht wissen
Verzeihen Sie, ich weiß es nicht.

⇧ **Titiang nunas sugrā.**
⇩ ***Tiang ngidih tabik.***
ich erbitten Verzeihung
Ich bitte um Verzeihung.

Förmliches

Nicht für den Alltag, aber bei sehr offiziellen Anlässen wird ein Segenswunsch aus purem Sanskrit benutzt: Om Suasti astu. *(göttliches Heil sei).*

Als Antwort wird erwartet: Om Shanti Shanti Shanti. *(göttlicher Friede Friede Friede).*

Die Anrede

Ganz allgemein kann man die indonesischen Begriffe *pak* (Vater) für Männer und *ibu* (Mutter) für Frauen zur Anrede verwenden. Das ist schon respektvoller als einfach nur „Sie" zu sagen. Alte Menschen und Leute mit angesehenen Berufen sollte man jedoch besonders respektvoll ansprechen:

Für alte Menschen:

Mutter (gleich/älter)	⇧ **Biang/Bu**	⇩ ***Mémé/Mék***
Vater (gleich/älter)	⇧ **Aji**	⇩ ***Bapā***
Großmutter	⇧ **Nini**	⇩ ***Dadong***
Großvater	⇧ **Kakiang**	⇩ ***Pekak***

Für namentlich unbekannte junge Leute:

⇧ **Ayu**	⇩ ***Gég***	*Schöne (Mädchen)*
–	⇩ ***Gus***	*Guter (junger Mann)*

Für Leute mit angesehenen Berufen:

Pāmangku	Tempelpriester (*jabā*-Kaste)
Dalang	Schattenspieler
Dukun/*Balian*	Heiler und Weissager
Tukang Banten	„Opfergaben-Meisterin“
Tukang	Meister (für Künstler)
Guru	Lehrer

Höflich gelten auch Verbindungen mit dem Namen wie z. B. *Pak Ketut* oder Aji Déwā Agung.

Wie immer kann auch einfach der Name oder die „Verwandtschafts-bezeichnung“ als Anrede eingesetzt werden.

⇧ **Dalang, wénten *wayang?***
⇩ **Dalang, *adā wayang?***
Schattenspieler, sein Wayang-Schauspiel
Mein Herr, gibt es ein Wayang-Schauspiel?

Anrede für Triwangsā-Adel

Die Triwangsā-Leute sollten immer als Leute von Stand mit ihrem Namen, der gleichzeitig ihr Titel ist, angeredet werden:

Für Priesterkaste brahmanā:

(Ida) Bagus	„(erhabener) Guter“ *(m)*
(Ida) Ayu	„(erhabene) Prachtvolle“ *(w)*
Pedandā	Priester(in)

Für Herrscherkaste satriā:

Agung	„Große(r)" *(m/w)*
Anak Agung	„großer Mensch" *(m/w)*
Déwā	„Gottheit" *(m)*
Déwi	„Gottheit" *(w)*
Déwayu	„herrliche Gottheit" *(w)*
Cokordā	„geehrter Fuß" *(m/w)*
Déwā Agung	„große Gottheit" *(m/w)*

Cokordā *und* Déwā Agung *werden für Leute verwendet, die der Tradition nach regieren würden. Sie sind so groß, dass Untergebene nur ihren Fuss sehen können!*

Angehörige der satriā-Kaste stellen sich z. B. vor mit Anak Agung Rakā oder Déwā Okā und Sie können sie so anreden. Das entspricht z. B. „Baron Arno von Hohfelde". Folgende „Namen" werden gerne dem Titel nachgestellt:

Rakā	ältere(r) Bruder/Schwester
Rai	jüngere(r) Bruder/Schwester
Okā	Kind
Anom	junge Frau
Ngurah	„der Schützende"

Für Kaste der Hofbeamte/Händler wesiā:

Gusti	„Herr(in)" *(m/w)*
Déwā	„Gottheit" *(m)*
Desak	„Herrin" *(w)*

⇧ **Gusti, saking *désā* punikā?**
⇩ **Gusti, *uli désā ento?***
Herr, von Dorf jenes
(Herr,) Sind Sie aus dem Dorf?

Das erste Gespräch

Sie haben jemand getroffen, seinen Namen erfahren und wissen welche Sprachebene anzuwenden ist. Das Gespräch wird sicherlich weiterentwickelt:

⇧ ***Guntur*** **jagi lungā** ***kijā?***
⇩ ***Guntur lakar luas kijā?***
⇩ ***Guntur lakar*** **lungā** ***kijā?***
Günter beabsichtigen gehen wohin
Wohin wollen Sie gehen?

Die dritte Variante ist eine etwas aufgewertete Form der Volkssprache!

⇧ ***Guntur*** **jagi lungā ring gunung Batur.**
⇩ ***Guntur lakar luas kā gunung*** **Batur.**
Guntur beabsichtigen gehen nach Berg Batur
Ich will zum Batur Berg gehen.

⇧ ***Lakar kijā?***
beabsichtigen wohin
Wohin willst Du?

⇧ ***Lakar kā*** **Ubud.**
beabsichtigen nach Ubud
Ich will nach Ubud.

⇧ ***Guntur*** **sué ring Bali?**
⇩ ***Guntur makelo di*** **Bali?**
Günter lange in Bali
Sind Sie schon lange in Bali?

⇧ **Titiang mriki sampun kalih** ***uku.***
⇩ ***Tiang mai subā duang uku.***
ich herkommen bereits zwei Woche
Ich bin vor zwei Wochen angekommen.

Das erste Gespräch

⇧ **Jeroné saking *dijā*?**
⇩ ***Ragané uli dijā?***
Ihr von wo
Woher sind Sie?

⇧ **Titiang saking negarā *Jerman*.**
⇩ ***Tiang uli* negarā *Jerman*.**
ich von Land deutsch
Ich bin aus Deutschland.

Austria/Swis
Österreich/Schweiz

⇧ **Ring *dijā* wit ajiné?**
⇩ ***Dijā wit bapané?***
wo Ursprung Vater-seins
Wo stammt (der) Vater her?

⇧ **Wit ipun saking iriki.**
⇩ ***Witné uli dini.***
Ursprung er (bzw. Ursprung-seins) von hier
Er stammt von hier.

⇧ **Ring *dijā* mālinggih?**
in wo bleiben
Wo wohnen Sie?

⇩ ***Dijā nongos?***
wo bleiben
Wo wohnen Sie?

⇧ **Titiang mālinggih ring *losmen* Batur.**
⇩ ***Tiang nongos di losmen* Batur.**
ich bleiben in Gasthaus Batur
Ich wohne im Gasthaus Batur.

⇧ **Seneng ring Bali?**
⇩ ***Demen di* Bali?**
gefallen in Bali
Gefällt es Ihnen in Bali?

⇧ **Inggih, titiang seneng pisan.**
⇩ **Inggih, *tiang demen pesan.***
gewiss, ich gefallen sehr
Ja, ich schätze es sehr.

Sprachkenntnisse

⇧ **Uning *mābasā/basā* Bali?**
⇩ ***Tawang mābasā/basā* Bali?**
wissen sprechen/Sprache Bali
Beherrschen Sie die Sprache Balis?

⇧ **Inggih, titiang uning akedik-akedik.**
⇩ **Inggih, *tiang tawang abedik-abedik.***
gewiss, ich wissen ein-wenig-ein-wenig
Ja, ich kann es ein bisschen.

⇧ **Titiang uning wantah kedik-kedik.**
⇩ ***Tiang tawang tuah bedik-bedik.***
ich wissen nur wenig-wenig
Ich kann nur ein klein wenig.

⇧ **Becik pisan, *Ann mābasā* Bali becik pisan.**
⇩ **Becik *pesan, Ann mābasā* Bali becik *pesan.***
gut sehr, Ann sprechen Bali gut sehr
Sehr gut, Sie sprechen die Sprache Balis sehr gut.

⇧ ***Guntur mālajah bahasā* Bali ring *dijā?***
⇩ ***Guntur mālajah bahasā* Bali *dijā?***
Günter lernen Sprache Bali wo
Wo haben Sie die Sprache Balis gelernt?

⇧ **Ring negarā *Jerman,* wénten kitab irikā.**
⇩ **Di negarā *Jerman, adā buku ditu.***
in Land deutsch, sein Buch dort
In Deutschland gibt es ein Buch zum Lernen.

Gute und schlechte Tage

In Bali werden zwei Kalenderjahre angewandt: Das Bali-Jahr und das Saka-Jahr.

Bali-Jahr

Es bestimmt die Jahrestage der meisten Tempelfeste, die heilvollen oder unheilvollen Tage und ihre Einflüsse auf das Leben, aber auch die persönlichen Geburtstage richten sich danach. Das Jahr hat 210 Tage, 30 Wochen zu je 7 Tagen, 6 Monate zu 35 Tagen bzw. 5 Wochen. (Die Zahl 210 hat vermutlich mit den Reisanbau-Zyklen zu tun.)

⇧ **déwasā ayu**
⇩ **déwasā *luung***
Zeit gut/schön
guter Tag

⇧ **déwasā kaon**
⇩ **déwasā *jelék***
Zeit schlecht/hässlich
schlechter Tag

⇧ **Titiang kayun simpang Pedandā.**
⇩ ***Tiang nyak singgah* Pedandā.**
ich wünschen eintreten Brahmanenpriester
Ich möchte den Brahmanenpriester aufsuchen.

⇧ **Malih *pidan* wénten déwasā?**
⇩ ***Buin pidan adā* déwasā?**
noch wann sein Zeit
Wann ist dafür ein guter Tag?

⇧ **warsā, taun** ⇩ ***tiban***	Jahr mit 210 oder 355 Tagen
⇧ **odalan** ⇩ ***otonan***	Jahresfest im 210-Tage-Jahr
⇧ **saptawarā, wuku** ⇩ ***uku***	7-Tage-Woche im 210-Tage-Jahr
⇧ **sasih** ⇩ ***bulan, wulan***	Monat im 210-Tage-Jahr (35 Tage)

Odalan *bzw.* otonan *ist der Zeitraum zwischen zwei Geburtstagen eines Tempels oder eines Menschen.*

Jede der dreißig 7-Tage-Wochen und jeder der sechs 35-Tage-Monate besitzt einen besonderen Namen.

Es gibt überdies noch eine Einteilung in weitere Wochen mit 1–10 Tagen. An die heiligen Sanskritzahlen von 1 bis 10 wird einfach warā angehängt (TW = Tage-Woche):

1-TW	**ékawarā**	6-TW	**sadwarā**
2-TW	**dwiwarā**	7-TW	**saptawarā**
3-TW	**triwarā**	8-TW	**astawarā**
4-TW	**caturwarā**	9-TW	**nawawarā**
5-TW	**pancawarā**	10-TW	**dasawarā**

Gute und schlechte Tage

Für die Berechnung der heilvollen und unheilvollen Tage oder des Datums von Festen sind glücklicherweise nur die Drei-, Fünf- und Sieben-Tage-Wochen von Bedeutung:

Sieben-Tage-Woche:	**saptawarā**	**pancawarā**	**triwarā**
Sonntag	**Radité**	**Umanis**	**Pasah**
Montag	**Somā**	**Ping**	**Peteng**
Dienstag	**Anggarā**	**Pon**	**Kajeng**
Mittwoch	**Budā**	**Wagé**	**Pasah**
Donnerstag	**Wraspati**	**Kliwon**	**Peteng**
Freitag	**Sukrā**	**Umanis**	**Kajeng**
Samstag	**Sanicarā**	**Ping**	**Pasah**
		u.s.w.	u.s.w

Die heilvolle oder unheilvolle Bedeutung eines Tages wird davon abgeleitet, welche Wochentage von zwei oder sogar drei verschiedenen Wochenarten zusammenfallen. Eine wichtige Tageskombination von Triwarā *und* Pancawarā *wiederholt sich alle 15 Tage:* Kajeng Kliwon.

⇧ **Napi nikā?**
⇩ ***Apā ento?***
was jenes
Was hat das zu bedeuten?

⇧ ***Nuju* rahinā Kajeng Kliwon.**
⇩ ***Nuju dinā* Kajeng Kliwon.**
dies Tag Kajeng Kliwon
Heute ist Kajeng Kliwon.

⇧ **Yéning ngrereh bakal tambah,**
***nuju* Kajeng Kliwon becik.**
⇩ ***Yén ngalih bakal ubad,***
nuju* Kajeng Kliwon *melah.
wenn suchen Stoff Heilmittel,
eben-dies Kajeng Kliwon gut
Kajeng Kliwon ist ein guter Tag zum Heilmittel suchen.

Alle 21 Tage wiederholt sich die Kombination Sanicarā Kliwon, auch Tumpek genannt, an dem Zeremonien zur Verehrung stattfinden. Was verehrt wird, hängt von der Woche ab:

Tumpek Landep 2. Woche für Waffen, Metallgeräte, Motorfahrzeuge
Tumpek Warigā
7. Woche für Bäume und Früchte
Tumpek Kuningan
12. Woche für Gottheiten
Tumpek Krulut
17. Woche für Klänge und Geläute
Tumpek Uyé
22. Woche für Haustiere
Tumpek Wayang
27. Woche für Schattenspielfiguren

Alle 35 Tage wiederholt sich z. B. die Kombination Radité Umanis *als Monatsanfang. Alle 105 Tage (halbes 210-Tage-Jahr) wiederholen sich die Tageskombinationen aller drei Wochen* triwarā, pancawarā *und* saptawarā. *Jeder dieser Tageskombinationen hat seine besondere Bedeutung:* Saniscarā Pon Peteng *ist z. B. günstig um einen Wasserzufluss zum Reisfeld zu öffnen.*

⇧ **Punapi awinan wénten banten ring *duur montor?***
⇩ ***Ngudiang adā* banten *duur montor?***
was-Grund sein Opfergabe (in) oben Auto
Warum sind Opfergaben auf dem Auto?

⇧ **Ring Tumpek Landep *anak* Bali bantenang déwā-déwi ring *sanjatā* miwah ring *montor.***
⇩ ***Di* Tumpek Landep *anak* Bali bantenang déwā-déwi *di sanjatā muah di montor.***
in Tumpek Landep Kind Bali beopfern Gott-Göttin in Waffe und in Fahrzeug
An Tumpek Landep opfern die Leute in Bali den Göttern in den Waffen und Fahrzeugen.

Gute und schlechte Tage

Sakā-Jahr

Ein guter Tag mag z. B. gut sein, um Reis auszusäen, aber schlecht, um eine engere Beziehung mit jemandem anzufangen. Will Ihr Bekannter an einem ganz bestimmten Tag mit Ihnen nur in Richtung Sonnenaufgang verreisen und ist nicht bereit ein Geschäft abzuschließen, dürfen sie sicher sein, dass er die spezielle Gunst und Ungunst dieses Tages laut Bali-Kalender im Hinterkopf hat.

Das Saka-Jahr umfasst 355 Tage mit 12 Monaten à 30 oder 29 Tagen. Die Woche hat 7 Tage. Einige wenige Tempel, vor allem in und um Pejeng, folgen dem Rhythmus des Sakā warsā. Auch das in ganz Bali im Februar oder März stattfindende Jahreserneuerungsfest Nyepi, bei dem es um eine Abwehr gefährlicher dämonischer Kräfte geht, richtet sich nach dem Sakā-Jahr.

Wau kudang odalan okané alit?
Marā kudā otonan anaké cenik?
gerade wie-viel Jahresfest Kind-das klein
Wie alt ist das Kind jetzt?

Wénten déwasā māmargi ring wuku ajeng?
Adā* déwasā *mājalan di uku arep?
sein Zeit gehen in Woche nächste
Gibt es nächste Woche einen günstigen Reisetag?

Titiang ngrereh déwasā.
Tiang ngalih déwasā.
ich suchen Zeit
Ich suche einen guten Tag dafür heraus.

Rerehang déwasā dumun!
Alihang* déwasā *malu!
suchen Zeit erst
Wähl zuvor einen guten Tag aus!

Zu Gast sein

So ohne weiteres sollte man ein Gehöft nicht betreten, sondern brav vor dem Eingang warten, bis jemand im Gehöft erscheint. Dann gilt es zu fragen:

⇧ **Dados ngāranjing?**	⇧ **Raris.**
⇩ ***Tegarang mācelep?***	⇩ ***Durus.***
dürfen eintreten	*bitte*
Ist es gestattet einzutreten?	Herein!

Es ist üblich vor dem Betreten eines Innenraumes die Schuhe auszuziehen. Zwar wird der Hausherr höflich rufen, es sei nicht nötig, aber ziehen Sie die Schuhe dennoch aus.

⇧ **Tan *buat*, tan *buat*.**
⇩ ***Sing buat, sing buat.***
nicht nötig, nicht nötig
Lassen Sie die Schuhe ruhig an!

⇧ **Kayun ngajeng *teh?***
⇩ ***Nyak nginem teh?***
wünschen trinken Tee
Wollen Sie etwas Tee?

⇧ **Kayun *Guntur* wedang *teh?***
wünschen Günter heißes-Getränk Tee
⇩ ***Nyak Guntur teh?***
wünschen Günter Tee
Willst Du Tee?

Wenn Sie z. B. einen bestimmten Künstler, Priester oder Geschäftsmann in seinem Heim auf Bali aufsuchen wollen, bitten Sie einen Bekannten oder auch einen „Guide", Sie dorthin zu bringen. Er wird die Adresse herausfinden und ein Treffen zur einer angemessenen Zeit arrangieren. Es gibt dafür günstige, aber auch ausgesprochen schlechte Tage.

Die Frage kann man ruhig mit inggih beantworten. Etwas anderes ist es, wenn eine Mahlzeit angeboten wird, die sollte man aus Höflichkeit ablehnen:

⇧ **Sampun ngajeng?**	⇧ **Sampun.**
⇩ ***Subā naar?***	⇩ ***Subā.***
bereits essen	*bereits*
Schon gegessen?	Ja, danke.

Fordert der Gastgeber mehrmals zum Essen auf, kann man durch ein leichtes etwas verlegen wirkendes Kopfnicken zustimmen.

⇧ **Durung (ngajeng).**
⇩ ***Tondén (naar/mādaar).***
noch nicht (essen)
Ich habe noch nicht gegessen.

Sind Getränke und/oder Speisen serviert, kann man anfangen, wenn man zuvor den Gastgeber um Erlaubnis bittet:

Mit Links reinigt man sich von allen Ausscheidungen. Deshalb fasst auch kein anak Bali *irgendetwas Essbares mit der linken Hand an.*

⇧ **Titiang ngajeng dumun.**	⇧ **Raris.**
⇩ ***Tiang mādaar malu.***	⇩ ***Durus.***
ich essen erst	*bitte*
Ich fange schon mal an.	Ja, bitte.

⇧ **Sampunang ngrayunan nganggén tangan kiwā!**
⇩ ***Dā mādaar nganggon limā* kiwā!**
nicht-tun essen gebrauchen Hand links
Iss nicht mit der linken Hand!

Alter

Ein Gespräch mit *anak* Bali bekommt immer schneller eine persönlichere Note als wir das gewohnt sind:

⇧ **Akudang warsā yusa(n) Jeroné?**
wie-viele Jahr Alter(seins) Ihr
⇩ ***Tiban kudā tuuh ragané?***
Jahr wie-viel Alter Dein
Wie alt sind Sie?

⇧ **Yusan titiangé sampun *pāsasur* warsā.**
⇩ ***Tuuh tiangé subā pāsasur tiban.***
Alter(seins) mein bereits fünfunddreißig Jahr
Ich bin 35 Jahre alt.

Will man's ganz kurz machen, genügt es, lediglich die Zahl zu nennen, z. B. pāsasur.

Ehestand

Paare tun gut daran, sich in Bali als verheiratet zu betrachten. Wer „nur so“ zusammenlebt (oder geschieden ist), läuft besonders auf dem Land Gefahr in einem recht ungünstigen Licht dazustehen.

⇧ **Jero sampun mārabian?**
⇩ ***Ragané subā mākurenan?***
Sie/Du bereits verheiratet
Sind Sie verheiratet?

⇧ **Sampun.**
⇩ ***Subā.***
bereits
Ja.

⇧ **Durung mārabi.**
⇩ ***Tondén mākurenan.***
noch-nicht verheiratet
Nein, ich bin nicht verheiratet.

Kindersegen

⇧ **Sampun mādué okā?**
⇩ ***Subā ngelah pianak?***
bereits besitzen Kind
Haben Sie Kinder?

⇧ **Mādué kalih okā.**
⇩ ***Ngelah duang pianak.***
besitzen zwei Kind
Ich habe zwei Kinder.

⇧ **Titiang mādué semeton akeh.**
⇩ **Titiang *ngelah nyamā liu.***
ich besitzen Geschwister viel
Ich habe viele Geschwister.

Familie

⇧ **Punikā rabi.**
⇩ ***Ené kurénan.***
jenes Ehepartner
Das ist mein Mann / meine Frau.

Ansonsten macht man etwas mehr Unterscheidungen als bei uns:

⇧ **kulawargā;** ⇩ ***nyamā-brayā***	Familie
⇧ **aji;** ⇩ ***bapā/pak***	Vater
⇧ **biang;** ⇩ ***mémé/ibu***	Mutter
⇩ ***mātuā***	Schwiegereltern
⇧ **pepacangan;** ⇩ ***gegélan***	Freund(in)
⇧ **putrā;** ⇩ ***anak muani***	Sohn
⇧ **putri;** ⇩ ***anak luh***	Tochter
⇧ **okā;** ⇩ ***p(i)anak***	Kind
⇧ **raré**	Säugling
⇧ **semeton;** ⇩ ***nyamā***	Geschwister
⇧ **rakā;** ⇩ ***mbok***	ält. Schwester
⇧ **rai;** ⇩ ***adi luh***	jüng. Schwester
⇧ **rakā;** ⇩ ***beli***	ält. Bruder
⇧ **rai;** ⇩ ***adi muani***	jüng. Bruder
⇧ **mingsiki;** ⇩ ***misan***	Cousin(e)
⇧ **kaki(ang);** ⇩ ***pekak***	Großvater
⇧ **nini;** ⇩ ***dadong***	Großmutter
⇧ **paman;** ⇩ ***uā***	Onkel/Tante
⇧ **putu;** ⇩ ***cucu***	Enkelkind
⇧ **kompiang**	Urenkel/ Urgroßeltern

Auffällig häufig sind die männlichen und weiblichen Formen der Verwandtschaftsbezeichnungen gleich.

Glauben

Der Hinduismus in Bali unterscheidet sich ganz wesentlich von in Indien verbreiteten Formen des Hinduismus.

Mit Ausnahme von aus Java und Lombok zugewanderten *wong* Muslim *(Menschen Muslim)* gehören alle Bewohner der Insel der Hindu Dharma Religion an.

Familie und Dorfgemeinschaft basieren auf religiösem Brauchtum. Wer seine Religion aufgibt, fällt aus jeder Gemeinschaft heraus. Daher ist es den *anak* Bali nur schwer zu vermitteln, dass jemand keiner Religionsgemeinschaft angehört oder gar Atheist ist.

Auf die Frage ...

⇧ **Agamā napi?**
⇩ **Agamā *apā?***
Religon was
Welcher Religion gehören Sie an?

... wird von Ihnen als Antwort erwartet:

⇧ **Titiang jadmā Kristen/Protéstan/Katolik.**
⇩ ***Tiang anak* Kristen/Protéstan/Katolik.**
ich Mensch christlich/protestantisch/katholisch
Ich bin Christ/Protestant/Katholik.

Geschäft und Beruf

⇧ **Mādué *usahā* iriki?**
⇩ ***Ngelah usahā dini?***
besitzen Geschäft hier
Haben Sie / Hast Du ein Geschäft in Bali?

⇧ **Tan wénten, titiang wantah *turis/tamiu.***
⇩ ***Tusing adā, tiang dogén turis/tamiu.***
nicht sein, ich nur Tourist/Gast
Ich habe kein Geschäft hier, bin nur Gast.

⇧ **Ring *dijā* mākaryā?**
⇩ ***Dijā māgaé?***
wo arbeiten
Wo arbeiten Sie?

⇩ ***Tiang wong tani.***
ich Mensch Bauer
Ich bin Landwirt.

kantor	Büro
pusat perbelanjaan	Warenhaus
rumah sakit	Krankenhaus
usaha	Unternehmen
mahasiswa	Student
orang pensiunan	Pensionär

Die Staatssprache Indonesiens ist bereits seit 1949 die bahasa Indonesia. *Etwas modernere Begriffe werden fast durchgängig in den Regionalsprachen nicht neu gebildet, sondern aus dem Indonesischen übernommen. Diese indonesischen Wörter können ohne weiteres in balisprachliche Sätze eingebaut werden.*

⇧ ***Perits* mākaryā ring kantor.**
⇩ ***Perits māgaé di* kantor.**
Fritz arbeiten in Büro
Er arbeitet im Büro.

Aufenthalt

⇧ **Malih *pidan* budal?**
⇩ ***Buin pidan mulih?***
noch wann zurückkehren
Wann gehen Sie / gehst Du zurück?

⇧ **Titiang malih *roras* rahinā irikā.**
⇩ ***Tiang buin roras dinā ditu.***
ich noch zwölf Tag dort
Ich bin noch 12 Tage dort.

Unterwegs

Interessante Tempel und prachtvolle Landschaften liegen in Bali nah beieinander und lassen sich daher gut zu Fuß erkunden.

⇧ **Margi *kā* Mengwi ring *dijā?***
⇩ ***Jalan kā* Mengwi *dijā?***
Straße nach Mengwi wo
Wo finde ich die Straße nach Mengwi?

Der Überblick über die Kardinalrichtungen stellt zugleich eine schematische Darstellung des Weltbildes von Bali dar, dessen Bedeutung für die anak Bali *gar nicht hoch genug eingeschätzt werden kann. Sie sind sich ständig bewusst, wo sie sich darin gerade befinden und wie sie sich darin bewegen.*

⇧ **Titiang ngrereh margi ring Amlapurā.**
⇩ ***Tiang ngalih jalan kā* Amlapurā.**
ich suchen Straße nach Amlapura
Ich suche die Straße nach Amlapura.

⇧ **Sapunapi māmargi *kā* Klungkung?**
⇩ ***Kénkén mājalan kā* Klungkung?**
wie gehen nach Klungkung
Wie komme ich am besten nach Klungkung?

⇧ **Margi puniki ring Klungkung?**
⇩ ***Jalan ené kā* Klungkung?**
Straße dies nach Klungkung
Ist das die Straße nach Klunkung?

Richtungen

Statt „gehen Sie nach links/rechts" werden in Bali immer die Himmelsrichtungen herangezogen. Orientieren kann man sich an der Spitze des 3.143 m hohen vulkanischen

Bergkegels des Gunung Agung, der von überall zu sehen ist. Die Richtungen, denen jeweils göttliche Schutzmächte und Farben zugeordnet werden, heißen folgendermaßen:

⇧ **kalér;** ⇩ ***kajā*** – bergwärts
⇧ **warni ireng** – schwarz
⇧ **Wisnu** – (Gott)

⇧ **kulon;** ⇩ ***kauh*** – West
⇧ **warni jenar** – gelb
⇧ **Mahadewā** – (Gott)

⇧ **ring** ***madīā;***
⇩ ***madīā*** – Mitte
⇧ **panca warnā** – bunt
⇧ **Siwā** – (Gott)

⇧ **wêtan;** ⇩ ***kangin*** – Ost
⇧ **warni suétā** – weiß
⇧ **Iswarā** – (Gott)

⇧ **kidul;** ⇩ ***kelod*** – meerwärts
⇧ **warni abang** – rot
⇧ **Brahmā** – (Gott)

Das „k" am Anfang der Richtungsnamen vertritt kā = „nach".

Die Richtungen *kangin* und *kauh* entsprechen den Richtungen *Ost* und *West* unserer Windrose. Sie bleiben, von allen Punkten Balis aus gesehen, unverändert. Die Richtungen *kajā* und *kelod* dagegen sind austauschbar: In Süd- und Mittelbali liegen die großen heilbringenden und göttlichen Berge im Norden, das unheilvolle dämonische Meer im Süden. So fällt dort die heilvolle, von den Göttern bewachte Richtung *kajā* mit der Nordrichtung zusammen. In Buleleng, in Nordbali, ist es genau umgekehrt. Hier weist *kajā* nach Süden zu den Bergen hin, und die unheilvolle Richtung *kelod* zeigt nach Norden, wo in Nordbali die See zu finden ist.

Die hier dargestellte Bali-Windrose gilt also

nur für Süd- und Zentralbali. Für Nordbali muss sie gekippt werden, so dass sie spiegelverkehrt auf dem Kopf steht: *kajā* und *kelod* werden vertauscht. Alles andere bleibt, wie es ist.

Zur Bali Windrose gehört aber neben den Haupthimmelsrichtungen auch noch – sozusagen als eigene Richtung – die Mitte, und die fällt exakt mit der Spitze des Gunung Agung zusammen.

Die *anak* Bali ordnen den verschiedenen Richtungen göttliche Schutzmächte zu. Jede Gottheit und damit jede Richtung wird auch durch eine eigene Farbe repräsentiert: Die jeweilige Farbe bedeutet nicht nur die Gottheit, sie ist die Gottheit! Farbe, Richtung und Gottheit sind eine unauflösbare Einheit.

⇧ ***Désā* punikā *tetujon* kaler.**
⇩ ***Désā ento tetujon kajā.***
Dorf jenes Richtung bergwärts
Jenes Dorf liegt in Richtung Berge.

Das „d" ersetzt Anfangsbuchstaben „k" als verkürztes di *mit der Bedeutung „im".*

dajā	bei den Bergen
dangin	im Osten
delod	beim Meer
dauh	im Westen

⇧ ***Kāyangané dauh* margané.**
⇩ ***Puranė dauh jalané.***
Tempel-der Westseite Straße-die
Der Tempel ist westlich der Straße gelegen.

ngajahang	zu den Bergen hin
nganginang	nach Osten hin
ngelodang	zum Meer hin
ngauhang	nach Westen hin

Das „ng" ersetzt „k/d" und ein -ang wird angehängt mit der Bedeutung „nach/zu ... hin".

⇧ **Titiang kayun māmargi *nganginang.***
⇩ ***Tiang nyak mājalan nganginang.***
ich wünschen gehen nach-Osten-zu
Ich möchte gerne nach Osten reisen.

kajānan	im bergwärts Teil
kanginan	im östlichen Teil
kidulan/*kelodan*	im meerwärts Teil
kauhan	im westlichen Teil

Liegt etwas in einem bestimmten Geviert, wird k- + Richtung mit der Endung -(n)an versehen.

⇧ **Mriki mālinggih dumun linggih mālinggih *kājanan.***
⇩ ***Mai negak malu tongos negak kājanan.***
herkommen bleiben erst Platz bleiben bergwärts
Bitte nehmen Sie erst einmal Platz auf dem bergwärts gelegenen Sitz.

⇧ **Puri tukang nampek *balé Banjar* kidulan.**
⇩ ***Umah tukang paek balé Banjar kelodan.***
Haus Meister nahe Pavillon Banjar meerwärts
Der Künstler wohnt beim meerwärts gelegenen Gemeindehaus.

Entfernung

⇧ **Johné ring Ubud *kilométer* kudang-kudang?**
⇩ ***Dohné kā* Ubud *kilométer kudā?***
Entfernung-seins nach Ubud Kilometer wie-viel
Wie viel Kilometer sind es bis Ubud?

⇧**Akudang *méter* Mengwi dohné ring Ubud?**
⇩***Kudang méter* Mengwi *johné tekén* Ubud?**
wie-viele Meter Mengwi Distanz-seins gegenüber Ubud
Wie viel Meter ist Mengwi von Ubud weg?

⇧ ***Sawatarā 10 kilométer* dohné saking iriki.**
⇩ ***Sawatarā 10 kilométer johné uli dini.***
ungefähr 10 Kilometer Distanz-seins von hier
Etwa zehn Kilometer von hier.

⇩**Singarajā doh pisan saking Badung.**
⇩**Singarajā *joh pesan uli* Badung.**
Singaraja weit sehr von Denpasar
Singaraja ist sehr weit entfernt von Denpasar.

⇧**Joh pisan?**
⇩***Doh pesan?***
weit sehr
Ist es sehr weit?

⇧**Kirang joh.**
⇩***Kuang doh.***
weniger weit
Nein, nicht weit.

⇧**Becikan māmargi mārgā cokor.**
⇩***Melahan mājalan jalan batis.***
gut-mehr gehen Straße Fuß
Wir gehen besser zu Fuß.

Bemo

⇧**Ring *dijā* ngrereh *bemo* ring Ubud?**
⇩***Dijā ngalih bemo kā* Ubud?**
wo suchen Bemo nach Ubud
Wo finde ich ein Bemo nach Ubud?

⇧ **Bemo saking Bangli *kā* Kintamani pangaji kudang-kudang?**
⇩ **Bemo *uli* Bangli *kā* Kintamani *aji kudā?***
Bemo von Bangli nach Kintamani Preis wie-viel
Was kostet es mit dem Bemo von Bangli nach Kintamani?

⇧ **Wénten *bemo* alit saking Badung *kā pānambangan* (bemo/ *motorbis)* Batu Bulan.**
⇩ ***Adā bemo cenik uli* Badung *kā pānambangan* (bemo/ *motorbis)* Batu Bulan.**
sein Bemo klein von Denpasar nach Terminal (Bemo/Bus) Batu Bulan
Es gibt kleine Bemos von Denpasar zum (Bemo/Bus)-Terminal Batu Bulan.

⇧ **Iriki ngrereh bemo *kā* sami pāngapti.**
⇩ ***Ditu ngalih* bemo *kā makejang tetujon.***
dort finden Bemo nach alle Richtung
Da hinten finden Sie Bemos in alle Richtungen.

⇩ ***Sing nawang kangin kauh.***
nicht wissen Ost West
Keine Ahnung.

Die becak motor *fahren bestimmte Strecken ab und können mit der erhobenen Hand angehalten werden. Üblicherweise wird am Schluss der Reise bezahlt. Über die Fahrpreise sollten Sie sich jedoch zuvor, z. B. in Ihrer Unterkunft, informieren und dann beim Aussteigen das Geld abgezählt aushändigen. Von den Terminals fahren auch Busse ab. Sie halten ebenfalls unterwegs, soweit sie nicht voll besetzt sind*

andere Verkehrsmittel

⇧ **Ring *dijā nyidaang* nyelang *sepédā?***
⇩ ***Dijā nyidaang nyilih sepédā?***
wo können entleihen Fahrrad
Wo kann ich ein Fahrrad mieten?

⇧ **Titiang kayun ngālinggihin *montor/mobil.***
⇩ ***Tiang nyak negakin montor/mobil.***
ich wünschen fahren Auto
Ich möchte gern Auto fahren.

In Indonesien herrscht Linksverkehr. Zudem weicht der Fahrstil stark von dem ab, was man in Mitteleuropa gewöhnt ist. Einen Wagen mit Fahrer zu mieten, ist weit weniger stressig als sich selbst ans Steuer zu setzen.

⇧ **Ring *dijā wénten dagang bénsin?***
⇩ ***Dijā adā dagang bénsin?***
wo sein Händler Benzin
Wo kann ich tanken?

⇧ **Ragā sareng sami kayun lungā ring ...**
⇩ ***I ragā nyak luas kā ...***
wir(2-3 Worte) wünschen gehen nach ...
Wir möchten nach/zum ...

⇧ ***Pāngapti kudang-kudang?***
⇩ ***Aji kudā?***
Preis wie viel
Was soll das kosten?

Unterkunft

Viele Dinge aus der westlichen Zivilisation sind in Bali heimisch geworden, ohne dass sich das in den Bali-Sprachen niedergeschlagen hätte. In der Praxis wird z. B. für „Gasthaus“ auf das indonesische *losmen* oder das englische „accomodation“ zurückgegriffen.

⇧ **Wénten *rong* ring *losmen* niki?**
⇩ ***Adā rong di losmen ené?***
sein Zimmer in Unterkunft dies
Gibt es Zimmer in dieser Unterkunft?

⇧ ***Rong buat* ring *wong* tigang *diri* kalih wengi pangaji kudang-kudang?**
⇩ ***Rong buat anak telung diri duang peteng aji kudā?***
Raum für (in) Mensch drei Mensch zwei Nacht Preis wie-viel
Was kostet ein Zimmer für drei Personen für zwei Nächte?

⇧ **Wénten iriki *strum?*** ⇧ **Kirangan.**
⇩ ***Adā dini strum?*** ⇩ ***Kuangan.***
sein hier Elektrizität *wenig-mehr*
Gibt es hier Strom? Er fällt häufig aus.

⇧ **Ring *dijā* wénten toyā?**
⇩ ***Dijā adā yeh?***
wo sein Wasser
Wo gibt es Wasser?

⇧ **Sidā** ***ngetog jam nem?***
⇩ ***Bisā ngetok jam nem?***
können klopfen Stunde sechs
Können Sie um 6 Uhr anklopfen?

⇧ **Titiang lesu pisan.**
⇩ ***Tiang kenyel sajan.***
ich müde sehr
Ich bin hundemüde.

⇧ **Kayun mākolem.**
⇩ ***Nyak pules.***
wünschen schlafen
Ich möchte schlafen.

Bali liegt etwas südlich vom Äquator. In den Tropen ist die Tierwelt, wie auch die Pflanzenwelt, etwas üppiger:

⇧ **Akeh wénten** ***legu.***
⇩ ***Liu adā legu.***
viel sein Moskito
Es gibt viele Mücken.

⇧ ***Nyidaang*** **ngicén langsé?**
⇩ ***Nyidaang maang klambu?***
können geben Moskitonetz
Können Sie mir ein Moskitonetz geben?

⇧ **Iriki ring** ***gunung-gunung*** **wénten wenarā.**
⇩ ***Dini di gunung-gunung adā bojog.***
hier in Berg-Berg sein Affe
Hier gibt es Affen in den Bergen.

⇧ **Sampunang** ***ampak jendélā.***
⇩ ***Dā ampak jendélā.***
nicht-tun öffnen Fenster
Öffnen Sie keine Fenster.

Wenn Sie es mit der Angst bekommen:

⇧ **Punapi wénten ring sor pālinggihané?**
⇩ ***Apā adā di betén tongosé/kursiné?***
was sein in unten Sitzplatz-der/Stuhl-der
Was ist da unter dem Sitz?

⇧ ***Tokéné*** **niki ilā-ilā?**
⇩ ***Tokéné ené bayā?***
Riesengecko-der dies gefährlich
Ist dieser Riesengecko gefährlich?

⇧ **Tan ilā-ilā.**
⇩ ***Tusing bayā.***
nicht gefährlich
Der ist ungefährlich.

⇧ ***Toké*** **miwah** ***cekcek*** **ngajeng wantah** ***legu.***
⇩ ***Toké muah cekcek mādaar dogén legu.***
Riesengecko und kleiner-Gecko essen nur Moskito
Riesengeckos und kleine Geckos verzehren nur Moskitos.

⇧ **Titiang ajerih ring** ***teledu.***
⇩ ***Tiang nakutin tekén teledu.***
ich fürchten gegenüber Skorpion
Ich habe Angst vor Skorpionen.

⇧ **Biang sampun** ***ngejuk*** **sami alicā.**
⇩ ***Mémé subā ngejuk makejang teledu***
Mutter bereits fangen alle Skorpion
Mutter hat schon alle Skorpione entfernt.

Toilette & Bad

Es kommt durchaus vor, dass Sie als Gast gefragt werden:

⇧ **Sampun māsiram?**
⇩ ***Subā manjus?***
bereits baden
Haben Sie schon gebadet?

⇧ **Sampun (māsiram).**
⇩ ***Subā (manjus).***
bereits (baden)
Danke, habe ich schon.

Heutzutage werden die „stillen Örtchen", die es bereits in vielen Gehöften und in allen *losmen* gibt, mit dem englischen Wort *W.C.* (sprich: wäsä) oder dem indonesischen kamar kecil *„Kammer klein"* bezeichnet. In ihrer einfachsten Form enthalten die Kammern ein Loch im Boden.

⇧ **Dados titiang nyelang W.C.?**
⇩ ***Dadi tiang nyilih* W.C.?**
dürfen ich entleihen Toilette
Kann ich die Toilette benutzen?

⇧ ***Kamar kecil* ring *dijā?***
⇩ ***Kamar kecil dijā?***
Zimmer klein wo
Wo ist die Toilette?

Die Frage ist zunächst als ein Zeichen freundlicher Zuneigung gemeint. Der Hintergrund ist, dass die anak Bali *früher, wie auf dem Lande noch heute, im Fluss badeten und zwar im Gewässerlauf unterhalb des Dorfes. (Das Trinkwasser wird oberhalb des Dorfes geschöpft.) Dabei hat man gleichzeitig seine anfälligen Verrichtungen erledigt. Und genau daran erinnert die höfliche Frage. Sie entspricht, sehr frei übersetzt, unserem „Wollen Sie sich nicht erst frisch machen?"*

⇧ ***Kamar kecil* lantas ngauhang.**
Zimmer klein direkt nach-Westen-zu
Die Toilette befindet sich immer geradeaus und dann westlich.

⇧ **Perlu māwarih.**	⇧ **Perlu mākoratan.**
⇩ ***Buat ngenceh.***	⇩ ***Buat meju.***
notwendig urinieren	*notwendig sich-erleichtern*
Ich muss mal.	Ich muss mal groß.

Toilettenpapier wird in traditionellen Haushalten des nahen und fernen Ostens nicht benutzt. In der Regel steht im Sinne einer umweltfreundlichen Reinigung ein Bottich mit Wasser und eine Kelle zum Schöpfen bereit.

Baden

In Gehöften und bescheidenen *losmen* findet sich ein *kamar mandi* (Indonesisch: *Raum Baden*) mit einem großen gemauerten Wassertank. Bitte nicht hineinklettern! Mit der Kelle Wasser schöpfen und sich damit übergießen! Warmes Wasser werden Sie in einfachen Unterkünften allenfalls dort finden, wo heiße Quellen sind. Es ist bei Lufttemperaturen um 32 °C auch kaum erforderlich. *Pancoran,* gelegentlich mit „Dusche“" übersetzt, ist eine öffentliche Badeeinrichtung, in die über eine Zuleitung sprudelndes Wasser eingeführt wird. Es ist wie alle öffentliche Badestellen – pānyiraman/*pākayehan* – ummauert und unterteilt in eine Frauen- und eine Männerabteilung

⇧ **Ring *dijā* wénten pānyiraman?**
⇩ ***Dijā adā pākayehan?***
wo sein Badestelle
Wo ist ein Badeplatz?

Kulinarisches Bali

Essen und Trinken gibt es in Bali, wie ganz Indonesien, am *warung* (Imbisskiosk). Dort wird die Volkssprache benutzt. Beim Besuch im *restoran* hält man sich besser an die Respektsprache. Die meisten Bedienungen stammen nämlich aus der Triwangsā.

Halal: In größeren Orten haben sich zugewanderte muslimische Arbeiter niedergelassen. Sie verwenden kein Schweinefleisch und schenken keinen Alkohol aus. Ihre Speisen sind im Sinne des Islams „rein" (Indon.: halal*). Die Inhaber sprechen die Balisprachen, wenn überhaupt, nur unzulänglich.*

⇧ **Titiang kāsatan/lué pisan.**
⇩ ***Tiang bedak/seduk sajan.***
ich durstig/hungrig sehr
Ich habe großen Durst/Hunger.

⇧ **Jero pacang ngajengang napi?**
⇩ ***Bapā lakar nginem apā?***
Sie beabsichtigen trinken was
Was wollen Sie trinken?

⇧ **Titiang kayun wedang *kopi* tan mādaging gendis.**
⇩ ***Tiang nyak kopi sing misi gulā.***
ich wünschen (heißes-Getränk) Kaffee nicht beinhalten Zucker
Ich möchte gern einen Kaffee ohne Zucker.

⇧ **Maktā *teh* panes mādaging kéwanten kedik gendis.**
bringen Tee warm beinhalten aber wenig Zucker
⇩ ***Ngabā teh* panes *misi tuah bedik gulā.***
bringen Tee warm beinhalten nur wenig Zucker
Bringen Sie einen Tee mit wenig Zucker.

Getränke

⇩ ***teh***	Tee
⇧ **wedang** ***kopi;*** ⇩ ***kopi***	Kaffee
⇩ ***brem***	Reiswein
⇧ **sugeran;** ⇩ ***arak***	Reisschnaps
⇧ **sajeng;** ⇩ ***tuak***	Palmwein
⇩ ***anggur***	Wein
⇩ ***yeh woh-wohan***	Fruchtsaft
⇧ **toyā pucung;** ⇩ ***yeh botol***	Trinkwasser
⇧ **toyā;** ⇩ ***yeh (s)ané māluab***	abgekochtes Wasser
⇧ **toya klapā;** ⇩ ***yeh nyuh***	Kokosmilch

⇧ **Wénten sajeng?**
⇩ ***Adā tuak?***
sein Palmwein
Haben Sie Palmwein?

⇧ ***Icén*** **titiang** ***brem.***
⇩ ***Icén tiang brem.***
bringen ich Reiswein
Bringen Sie Reiswein.

⇧ **Sajeng tan wénten ring** ***restoran.***
⇩ ***Tuak sing adā di restoran.***
Palmwein nicht sein in Restaurant
Palmwein gibt es nicht im Restaurant.

⇧ **Dados ngrereh sajeng ring pasar.**
⇩ ***Dadi ngalih tuak di peken.***
dürfen suchen Palmwein in Markt
Palmwein kann man auf dem Markt finden.

Die anak Bali *genießen Alkohol in Maßen. Reiswein und Reisschnaps sind, auch gemischt, in kleinen Plastiktütchen abgepackt an den meisten* warung *erhältlich. Palmwein ist auf Märkten zu haben. Neuerdings wird auf Bali auch Wein angebaut, den einige Restaurants führen.*

⇧ **Ajengan napi wénten?**
⇩ ***Daar apā adā?***
Essen was sein
Was gibt es für Essen?

⇧ **Napi nikā?**
⇩ ***Apā to?***
was jenes
Was ist das?

⇧**Wénten kantun?**	⇧**Titiang pacang naur.**
⇩***Adā enu?***	⇩***Tiang lakar mayah.***
sein noch	*ich beabsichtigen zahlen*
Gibt es noch mehr?	Ich möchte zahlen.

Fleisch, Fisch & Ei

Die Hindus in Bali essen insbesondere an den Feiertagen Fleisch, vorzugsweise vom Schwein. Es wird hervorragend gewürzt vor allem auf bedeutenderen Märkten angeboten. Manche Priester oder sonstige religiös gesinnte Menschen sind Vegetarier oder verzichten auf Rindfleisch. Bei Tempelfesten wird Fleisch den butā-kalā, *den Dämonen, angeboten.* Kambing *wird vor allem im* warung *Muslim verzehrt.*

⇧**ulam/bé**	Fleisch/Fisch
⇧**ayam;** ⇩***siap***	Hähnchen
⇧**pitik;** ⇩***bébék***	Ente
⇧**bawi;** ⇩***céléng***	Schwein
⇧**sampi;** ⇩***banténg***	Rindfleisch
⇩***kambing***	Ziege
⇩***udang***	Garnele
⇩***yuyu pasih***	Krabbe/Krebs

⇧**Ulamé puniki saking segarā/*tukad?***
⇩***Béné ené uli pasih/tukad?***
Fisch-der dies von Meer/Fluss?
Ist das da Meeres-/Flussfisch?

⇧**Ampurayang: ulamé kāsatan.**
⇩***Ngaksamā: béné* kāsatan.**
verzeihen: Fisch-der nicht-ausreichend
Entschuldigen Sie bitte, es ist nicht genug Fisch da.

⇧**Yéning tan wénten ulamé, titiang kayun ayam.**
⇩***Yén sing adā béné, tiang nyak siap.***
wenn nicht sein Fisch, ich wünschen Huhn
Wenn es keinen Fisch gibt, möchte ich Huhn haben.

⇧ **endog/adéng;** ⇩ ***taluh***	Ei
⇩ ***bé guling***	Spanferkel
⇩ ***bébék betutu***	gewürzte Ente
⇩ ***taluh siap lablab***	gekochtes Ei
⇩ ***lawar***	gewürztes Hack
⇧ **jatah bawi;** ⇩ ***saté bawi***	Spießchen mit Schweinefleisch
⇩ **saté lembat**	Hackfleischspießchen
⇩ ***ébat-ébatan***	Gehacktes zum Reis

⇧ **Wénten ayam *panggang santen* miwah ulam pepes.**
⇩ ***Adā siap panggang santen muah bé pepes.***
sein Huhn geröstet Kokoscreme und Fisch genäht
Es gibt geröstetes Huhn in Kokoscreme und in Bananenblättern eingewickelten gerösteten Fisch.

⇧ **Inggih, titiang kayun *mābesen* ayam.**
⇩ **Inggih, *tiang nyak mābesen siap.***
gewiss, ich wünschen bestellen Huhn
Ich möchte Huhn bestellen, bitte.

⇧ **Guntur nunas *nasi kuning.***
⇩ ***Guntur ngidih nasi kuning.***
Günter erbitten Reis gelb
Ich hätte gern gelben Reis.

⇧ **Tan ngajeng ulam.**
⇩ ***Tusing mādaar bé.***
nicht essen Fleisch
Ich esse kein Fleisch.

⇧ **Puniki becik.**
⇩ ***Ené jaen.***
dies lecker
Das schmeckt gut.

Gemüse

Reis ist das wichtigste Nahrungsmittel. Fleisch und Gemüse oder Gewürze werden nur als Zukost betrachtet. Reis ist aber auch eine Segensgabe: Bei allen Zeremonien verteilt der Priester Heiliges Wasser – tirta *– und eingeweichte Reiskörner. Die Andächtigen nehmen sie zu sich und markieren damit Stirn, Wangen und Halsansatz.*

⇧ **pantun**; ⇩ ***padi***	Reis (auf dem Feld)
⇩ ***jihjih***	Reis (ungeschält)
⇧ **beras**; ⇩ ***baas***	Reis (geschält)
⇧ **ajengan**; ⇩ ***nasi***	Reis (zubereitet)
⇧ **ketan**	Klebereis
⇧ **jangan**; ⇩ ***jukut***	Gemüse
⇧ **jejanganan**; ⇩ ***jukut-jukutan***	allerlei Gemüse
⇧ **damanā**; ⇩ ***ubi***	Batate (Süßkartoffel)
⇩ ***ketimun***	Gurke
⇩ ***apokat***	Avokado
⇩ ***nangkā***	Jackfruit
⇩ ***ares***	gehackter Bananenstamm
⇧ **jasun**; ⇩ ***bawang***	Zwiebel

⇧ **Puniki sambel.**
⇩ ***Ené sambel.***
dies Chilipaste
Das ist eine scharfe Chillipaste.

⇧ **Kayun ajengan malih?**
⇩ ***Nyak daar buin?***
wünschen Essen noch
Wollen Sie noch etwas mehr essen?

⇧ **Pamit, ajengan *mābasā* ring titiang.**
⇩ **Pamit, *daar mābasā téken tiang.***
mich-entschuldigen, Essen gewürzt-sein für ich
Nein danke, das Essen ist etwas scharf für mich.

Gewürze

⇩ **basā**	Gewürz
⇧ ***basā* jangkep;** ⇩ ***basā genep***	Gewürzkästchen
⇧ **pedes;** ⇩ ***tabiā***	Chili
⇧ **mosā;** ⇩ ***sambel***	Chili mit Gewürzen
⇩ ***jaé***	Ingwer
⇧ **paihan;** ⇩ ***temu/kunyit***	Kurkurma (Gelbwurz)
⇩ ***serā***	Fisch-Krabben-Paste
⇧ **tasik;** ⇩ ***ujah***	Salz
⇩ ***cukā***	Essig
⇩ ***kecap manis***	süße Sojasoße
⇩ ***kecap asem***	salzige Sojasoße
⇩ ***tahu***	Tofu
⇩ ***tempe***	Sojakernpaste
⇩ ***micā selem***	schwarzer Pfeffer
⇩ ***micā putih***	weißer Pfeffer
⇩ ***ketumbah***	Koriander
⇩ ***kesunā***	Knoblauch
⇩ ***pitsin***	Glutamat
⇩ ***lemo***	Zitrusfrucht

⇧ **Pedes *membasā.***
⇩ ***Lalah membasā.***
scharf gewürzt
Das ist zu scharf gewürzt.

⇧ **Wénten nanas (sané becik)?**
⇩ ***Adā manas (ané jaen)?***
sein Ananas (welcher gut)
Gibt es (gute) Ananas?

Für die anak Bali *gibt es am Tag meist nur zwei Mahlzeiten, wobei das Hauptgericht der Reis ist und alles andere nur Beilagen.*

Was zum Naschen

⇩ ***bubuh injin***	schwarzer Reisbrei
⇧ **bubuh**	Brei/Pudding
⇩ ***gulā barak***	Palmzucker
⇧ **gendis**; ⇩ ***gulā***	Zucker
⇧ **sepahan**; ⇩ ***tebu***	Zuckerrohr
⇧ **sanganan**; ⇩ ***jajā***	Reiskuchen
⇧ **sarkarā**; ⇩ ***madu***	Honig
⇩ ***és aduk***	Eis m. Früchten/Sirup
⇩ ***krupuk***	Krabbencracker
⇩ ***kacang goreng***	geröstete Erdnüsse

Zubereitungsweisen / Zustand

⇩ ***pepes***	eingewickelt
⇩ ***bé pepes***	Fisch eingewickelt in Bananenblättern
⇩ ***urab***	gemischt mit geraspeltem Kokos
⇩ ***panggang***	geröstet
⇩ ***goreng***	gebraten
⇩ ***kukus***	gedämpft
⇩ ***kuah***	Suppe/Brühe
⇩ ***nguahin***	in Brühe
⇩ ***lablap***	gekocht
⇩ ***kuning***	gelb (mit Kurkuma)
⇩ ***matah***	ungekocht/unreif
⇩ ***nasak***	reif
⇧ **legi**; ⇩ ***manis***	süß
⇧ **kātasikin**; ⇩ ***nguyah***	gesalzen
⇩ ***lalah***	scharf gewürzt

⇧ **Kayun *durén?***
⇩ ***Nyak durén?***
wünschen Durian
Wollen Sie Stinkfrucht?

⇧ **Titiang kirang kayun.**
⇩ ***Tiang kuang nyak.***
ich weniger wünschen
Das ist nicht mein Fall!

Obst

Die salak ist ein Frucht, die es in dieser Güte nur in Bali gibt. Eingehüllt in eine dünne splitternde Schale ist festes Fruchtfleisch, das ein oder zwei Kerne birgt. Der Geschmack liegt etwa zwischen Ananas und Kokosnuss. Früchte immer in größeren Mengen auf Märkten kaufen! Am warung werden vor allem Bananen nur stückweise und damit natürlich teurer verkauft.

⇧**woh**; ⇩***buah***	Frucht
⇩***buah***	Pinang-Nuss
⇧**woh-wohan**; ⇩***buah-buahan***	Früchte/Obst
⇧**nanas**; ⇩***manas***	Ananas
⇧**getas**; ⇩***poh***	Mango
⇧**kates**; ⇩***gedang***	Papaya
⇧**jeruk**; ⇩***juuk***	Zitrusfrucht
⇩***juuk* Bali**	Pomelo
⇩***juuk peres***	Orange
⇩***juuk lengis***	Zitrone
⇧**pisang**; ⇩***biu***	Banane
⇧**rambutan**; ⇩***buluan***	Haarfrucht
⇩***belimbing***	Sternfrucht
⇧**sawitā**; ⇩***mangis***	Mangostan
⇩***markisah***	Passionsfrucht
⇧**pace**; ⇩***nangkā***	Jackfruit
⇧**darsanā**; ⇩***nyambu***	Rosenapfel
⇧**klapā**; ⇩***nyuh***	Kokosnuss
⇧**walanyak**; ⇩***salak***	Schlangenfrucht
⇩***durén***	Stinkfrucht/Durian
⇧**sabo**; ⇩***sawo***	Sawo-Frucht
⇩***apel***	Apfel
⇩***delimā***	Granatapfel
⇩***leci***	Litschi
⇩***nyambu menté***	Cashewnuss
⇩***nyambu sotong***	Guave
⇩***semangkā***	Wassermelone
⇩***buah anggur***	Weintrauben
⇩***rujak***	Salat aus buah matah
⇩***petis***	buah matah in Fischsud

Handeln & Kaufen

In Bali wird, außer im *warung* oder im Restaurant, immer um den Preis gehandelt. Dafür sollten Sie sich auch wirklich Zeit nehmen. Der Preis richtet sich mitunter weniger nach dem Wert der Ware, als nach dem Ansehen, das der Käufer genießt.

Es schadet Ihrem Ansehen zwar nichts, wenn Sie nicht gleich den erstbesten Preis akzeptieren. Wohl aber kann es ins Auge gehen, wenn Sie mit einem armen Straßenhändler so lange feilschen, bis er seine Ware unter seinem eigenen Einkaufspreis abgibt, nur weil er gerade Geld braucht. Der Kaufpreis soll letztlich fair sein, und zwar für beide Parteien.

⇧ **Ring *dijā* wénten *artshop?***
⇩ ***Dijā adā artshop?***
wo sein Kunstladen
Wo gibt es eine Galerie?

⇧ **Titiang ngrereh *gegambaran.***
⇩ ***Tiang ngalih gegambaran.***
ich suchen Gemälde
Ich suche Gemälde.

⇧ **Puniki, pangaji kudang-kudang?**
⇩ ***Ené, aji kudā?***
dies, Preis wie-viel
Was kostet dies?

kleine Einkaufsliste

⇧ **lanjaran**	Zigaretten
⇩ ***kréték***	Nelkenzigaretten
⇩ ***batik***	Batik
⇧ **wastrā;** ⇩ ***kamben sarung***	Hüfttuch (Sarong)
⇩ ***slémpot***	Hüftschal
⇧ **tapel;** ⇩ ***topeng***	Maske (aus Holz)
⇩ **ringgit;** ⇩ ***wayang kulit***	Schattenspielfigur
⇩ ***togog kayu***	Holzfigur
⇩ ***togog batu***	Steinfigur
⇩ ***pepayasan***	Schmuck
⇧ **bungkung;** ⇩ ***ali-ali***	Ring
⇧ **pingel;** ⇩ ***gelang***	Armreif
⇩ ***kalung***	Halskette
⇩ ***subeng***	Ohrgehänge
⇩ ***(e)mas***	Gold
⇩ ***slakā***	Silber
⇩ ***(a)kilo***	(ein)Kilo
⇩ ***(a)liter***	(ein)Liter
⇩ ***méter***	Meter

⇧ **Kates pangaji kudang-kudang?**
⇩ ***Gedang aji kudā?***
Papaya Preis wie-viel
Was kosten die Papaya?

⇧ **Dados *nawah?***
⇩ ***Dadi nawah?***
dürfen handeln
Kann man noch handeln?

⇧ **Woh-wohan *mael* pisan pangajiné.**
⇩ ***Buah-buahan mael sajan ajiné.***
Früchte teuer sehr Preis-seins
Die Früchte sind sehr teuer.

⇧ **Pangajiné murah pisan.**
⇩ ***Ajiné mudah sajan.***
Preis-seins billig sehr
Das ist wirklich ein günstiger Preis.

⇧ **Yéning titiang numbas tigang *bungkul*, pangaji kudang-kudang?**
⇩ ***Yén tiang beli telung bungkul, aji kudā?***
wenn ich kaufen drei Stück, Preis wie-viel
Was kostet es, wenn ich drei Stück kaufe?

⇧ **Titiang kayun numbas jeruk sakilo.**
⇩ ***Tiang nyak meli juuk akilo.***
ich wünschen kaufen Zitrusfrucht eins-Kilo
Ich möchte ein Kilo Apfelsinen kaufen.

⇧ **Wénten puniki māwarnā bang?**
⇩ ***Adā ené* māwarnā *barak?***
sein dies gefärbt rot
Gibt es das in rot?

⇧ **ireng**; ⇩ ***selem***	schwarz
⇧ **suétā**; ⇩ ***petak***	weiß
⇧ **(a)bang**; ⇩ ***barak***	rot
⇧ **jenar**; ⇩ ***gading, kuning***	gelb
⇧ **panca warnā**; ⇩ ***brunbun***	bunt
⇧ **wilis**; ⇩ ***gadang***	grün
⇧ **biru**; ⇩ ***pelung***	blau

Hilfreiche Wörter beim Einkaufen

⇧ **ayu**; ⇩ ***jegég***	schön (Menschen)
⇧ **becik**; ⇩ ***bagus***	schön (Dinge)
⇧ **kirang becik**; ⇩ ***kuang bagus***	weniger schön
⇧ **alā**; ⇩ ***corah***	unschön/schlecht
⇧ **becik**; ⇩ ***melah***	gut
⇧ **kaon**; ⇩ ***corah***	schlecht
⇧ **agung, ageng**; ⇩ ***gedé***	groß
⇧ **alit**; ⇩ ***cenik, cerik***	klein
⇧ ***duur***; ⇩ ***tegeh***	hoch
⇧ **sor**; ⇩ ***betén***	niedrig
⇧ **limbak**; ⇩ ***lombéng***	weit
⇧ **cupek**; ⇩ ***cupit***	eng
⇧ **akeh**; ⇩ ***liu***	viel
⇧ **kedik**; ⇩ ***bedik***	wenig

Religion & Kultur

Bali kennt eigentlich nur eine Gottheit: Sang yhang Widhi Wasā. Alle die üblicherweise als déwā-déwi, als Götter und Göttinnen bezeichnet werden, sind nur Teilaspekte und Erscheinungsformen dieser einen Gottheit. Diese ist so unbegreiflich groß und überwältigend, dass sich die Menschen an seinen Erscheinungen als Götter und Göttinnen halten, sowie an die Seelen ihrer Ahnen, die zwischen dieser und jener Welt vermitteln.

⇧**Titiang kayun nyingakin kāyangan nikā.**
⇩***Tiang nyak ningalinin purā ené.***
ich wünschen ansehen Tempel dies
Ich möchte diesen Tempel besichtigen.

⇧**Tan dados ngāranjing kāyangan tan nganggé *slémpot.***
⇩***Sing dadi mācelep purā sing nganggo slémpot.***
nicht dürfen eintreten Tempel nicht tragen Hüftschal
Es ist nicht erlaubt, einen Tempel ohne Hüftschal zu betreten.

⇧**Ring *dijā* dados numbas *slémpot?***
⇩***Dijā dadi meli slémpot?***
wo dürfen kaufen Hüftschal
Wo kann man einen Hüftschal erwerben?

⇧ **Wénten odalan? Ring kāyangan sané encén?**
⇩ ***Adā* odalan? *Di purāané encén?***
sein Jahresfest in Tempel die welche
In welchem Tempel gibt es ein Tempelfest?

Ein odalan *ist ein großes und fröhliches Treffen. Die Gottheiten und die Menschen suchen den Tempel auf und feiern zusammen ein Fest. Zur Unterhaltung werden Tänze und Spiele aufgeführt, Frauen bringen Opfergaben aus Früchten und Blumen, Männer und Frauen erhalten von einem Priester heiliges Wasser und geweihte Reiskörner.*

⇧ **Ring *purā désā* wénten.**
⇩ ***Di purā désā adā.***
in Tempel Dorf sein
Im Dorftempel gibt es eines.

⇧ **Malih *pidan odalan* ngāwitin?**
⇩ ***Buin pidan odalan nyumunin?***
noch wann Jahresfest anfangen
Wann wird das Tempelfest anfangen?

Vor dem Betreten eines festlich geschmückten Tempels ist es angebracht, die Anwesenden um Einlass zu bitten:

⇧ **Dados titiang ngāranjing kāyangan?**
⇩ ***Dadi tiang mācelep purā?***
dürfen ich eintreten Tempel
Darf ich in den Tempel hineingehen?

⇧ **Titiang ngedih *tulung* nunas Jero Mangku tirtā.**
⇩ ***Tiang ngidih tulung* nunas Jero Mangku tirtā.**
ich bitten helfen
erbitten Sie/Du Priester Weihwasser
Helfen Sie mir bitte. Ich möchte vom hochwürdigen Priester heiliges Wasser erbitten.

⇧ **Malih *pidan* wénten ilén-ilén ring kāyanganė?**
⇩ ***Buin pidan adā igel-igelan di* puranė?**
noch wann sein Tanzerei in Tempel-der
Wann gibt es Tänze in dem Tempel?

⇧ **Nyanan wenginė wénten ilén-ilén.**
⇩ **Nyanan *petengė adā igel-igelan.***
gleich-nachher Nacht-die sein Tanzerei
Heute Nacht gibt es Tänze.

Wayang-Schattenspiel

Fast bei jedem Tempelfest huschen nachts die Schatten der Ahnen, aber auch der Gottheiten und Dämonen im Flackerlicht einer Kokosölleuchte über die Leinwand. Der *dalang*, der Meister des Schattenspiels ist es, der die Geistwesen beschwört.

Das wayang kulit beginnt zwischen 22–24 Uhr und dauert zwei, drei, auch mal vier Stunden. Nur wenige westliche Besucher halten es aus, längere Zeit zu stehen. Die meist nur einstündigen Touristenvorführungen in Denpasar und Ubud vermittlen durchaus einen guten Eindruck vom wayang kulit.

⇧ **Wénten *arjā* utawi *wayang?***
⇩ ***Adā arjā wiadin wayang?***
sein Arja-Schauspiel oder Wayang-Schauspiel
Gibt es ein Arja- oder Wayang-Schauspiel?

⇧ **Ring rainā Raditė wénten *wayang kulit.***
⇩ ***Di dinā* Raditė *adā wayang kulit.***
in Tag Sonntag sein Schauspiel Leder
Sonntag gibt es ein Schattenspiel.

⇧ **Inggih, bénjang wengi wénten.**
⇩ **Inggih, buin *mani peteng adā.***
gewiss, (noch) morgen Nacht sein
Ja, morgen Nacht gibt es eines.

⇧ **Malih *pidan* ngāwitin?**
⇩ ***Buin pidan nyumunin?***
noch wann anfangen
Wann beginnt es?

Korawā *sind Heroen der linken Seite und haben alle große hervorquellende Kugelaugen.* Pandawā *haben alle, außer* Bhimā, *edle Mandelaugen und eine griechische Nase. Die Dienerclowns sind knubbelig und dick, haben magische Kräfte. Zur rechten Seite gehören:* Twalen, *Diener und doch auch mächtiger Gott und* Mrdah, Twalens *Sohn. Die linke Seite unterstützen:* Sangut, *als Verkörperung eines Opportunisten und* Delem.

⇧ **Punapi puniki?**
⇩ ***Apā ené?***
was dies
Was hat das zu bedeuten?

Die meisten *wayang-kulit*-Vorführungen beziehen sich auf das indische Epos Mahabharata. Es schildert den Kampf der fünf heilvollen Pandawā-Brüder mit den 100 unheilvollen Korawā.

wayang kulit Schattenspiel
wayang wong Theaterspiel (Mahabharata oder Ramayana)
arjā Theaterspiel (Panji Geschichte)
Calon Arang Gottheit. Ihr unheilvoller Einfluss wird durch ein Spiel gleichen Namens neutralisiert
ringgit / *wayang* Schattenspielfigur
kekayonan Lebensbaum, am Spielanfang und -ende (als Himmelsleiter, lockt die Wesen aus dem Jenseits auf die Leinwand)
Yudhistirā ausgeglichen, gerecht (Pandawā)
Bhimā tapfer, aber unbeherrscht (Pandawā)
Arjunā Asket, großer Liebhaber (Pandawā)
Nakulā + Sadewā die Zwillinge (Pandawā)
Betarā Krisnā göttlicher Fürst, hilft Pandawā

⇧ **Ampurnā dados *motrék* aji?**
⇩ ***Aksamā dadi motrék bapā?***
Entschuldigung dürfen fotografieren Vater
Verzeihung, darf ich von Ihnen eine Aufnahme machen?

⇧ **Inggih, mriki.**
⇩ **Inggih, *mai.***
gewiss, herkommen
Ja, machen Sie nur.

⇧ **Dados titiang *motrék* anggén pijat?**
⇩ ***Dadi tiang motrék anggon pijet?***
dürfen ich fotografieren nehmen Lampe
Darf ich mit Blitz fotografieren?

Es wird meistens nicht gerne gesehen, wenn man nachts bei einem Tempelfest Blitzaufnahmen macht. Manchmal erhält man die Erlaubnis dafür, wenn man zuvor freundlich danach fragt!

andere Künste

Auf Bali ist Kunst so selbstverständlich und allgegenwärtig, dass es nicht einmal ein Wort dafür gibt. Niemand redet – wie anderswo – über Kunst, aber (fast) jeder übt sie aus. Natürlich haben die schönen Künste auch eine Patronin: Dewi Saraswati ist die Göttin der Sprache, des Schreibens und aller schönen Künste.

⇧ **Ring *dijā* wénten *museum gegambaran* ring Bali?**
⇩ ***Dijā adā museum gegambaran di* Bali?**
wo sein Museum Malerei in Bali
Wo gibt es in Bali ein Museum der Malerei?

In Museen gibt es zahlreiche Bilder der padmā *„Lotosblüte", mit vier oder acht Blättern, auf denen jeweils Gottheiten in ihren jeweiligen Farben sitzen. Eine weitere Gottheit sitzt in der Mitte der Blüte (siehe Richtungsangaben).*

Aber nicht nur die zahlreichen Maler, sondern auch andere Berufsgruppen vollbringen wahre Meisterwerke.

⇧ **Wénten abesik ring Badung, tingang ring Ubud.**
⇩ ***Adā asiki di*** **Badung,** ***telung di*** **Ubud.**
sein eins in Denpasar, drei in Ubud
Es gibt eines in Denpasar, drei in Ubud.

⇧ ***Tukang gambar,*** **ring** ***dijā*** **mālinggih?**
⇩ ***Tukang gambar, dijā nongos?***
Meister Gemälde, wo bleiben
Wo wohnt der Maler?

juru ukir
Fachmann Statue-machen
Künstler, der Bildwerke herstellt

juru ukir taru / kayu
Fachmann schnitzen Holz
Holzschnitzer

juru ukir watu
Fachmann behauen Stein
Steinmetz

pandé mas
Schmied Gold
Gold- und Silberschmied

Pandé *sind Mitglieder (auch Frauen und Kinder) einer angesehenen Sondergruppe, aus der die Schmiede hervorgehen. Sie verfügen auch über eigene Tempel.*

Magie und Medizin

Wenn in Bali von kiwā (links) und tengen (rechts) die Rede ist, geht es in allererster Linie um die heilvolle und die unheilvolle Seite, bis hin zur weißen und schwarze Magie. In ngiwā *linke* (schwarze Magie betreiben) und in pangiwā (linke Magie / schwarze Kunst) steckt natürlich das Wort kiwā.

Man kann des Öfteren folgende canang *(Opfergaben) auf der Straße antreffen: Häufchen mit weißem, rotem, gelben und schwarzen Reis auf einem Behälter aus geflochtenem Kokosbast. Die Opfergabe ist ein Kleinstmodell der Welt!*

⇧ **Idā sungkan awinan pangiwā.**
⇩ ***Iā gelem* awinan pangiwā.**
er krank Grund Linkerei
Seine Erkrankung wurde durch schwarze Magie verursacht.

⇧ **Edih tambā ring kaki dukun mangda *Ketut* wénten malih kénak.**
⇩ ***Idih ubad tekén* kaki *balian apang Ketut adā buin seger.***
erbitten Heilmittel gegenüber Großvater Heiler damit Ketut sein noch gesund
Bitte den hochverehrten Heiler um Medizin, damit er wieder gesund wird!

⇧ **Wénten Dukun utawi *Dokter nyidaang* nambanin titiang?**
⇩ ***Adā Balian wiadin Dokter nyidaang ngubadin tiang?***
sein Heiler oder Arzt können heilen ich
Gibt es einen Heiler oder Arzt, der mich gesund machen kann?

Magie und Medizin

Zu besonderen Anlässen werden ein schwarzes, ein weißes, ein rotes, ein gelbes und ein geflecktes Huhn geopfert, damit der gesamte Bali-Kosmos mit allen seinen Richtungen im Gleichgewicht gehalten wird.

Die *anak* Bali sind sehr pragmatisch. Bei Beschwerden halten sie sich an das, von dem sie sich in dem Augenblick Hilfe versprechen. Versagt der Arzt, gehen sie zum *Balian.* Kann der nicht helfen, ist das *Puskemas (Pusat Kesehatan Masyarakat* = *Zentrum Gesundheit Gesellschaft*) dran. Ist man damit unzufrieden, sucht man sich wieder einen *dokter.*

⇧ **pānengen**	weiße Magie
⇧ **nengen**	weiße Magie treiben, die Rechte benutzen
⇧ **Dukun;** ⇩ ***Balian***	(schamanischer) Heiler
⇧ **tambā;** ⇩ ***ubad***	Heilmittel, Arznei
⇧ **tambanin/** ⇩ **nambanin; *(ng)ubadin***	jemanden heilen

Opfergaben für Götter und Dämonen enthalten alle einen kleinen Betelbissen. Die verbreitetsten Opfergaben, etwas 10 x 10 cm groß, werden sogar canang *genannt. Ältere Leute schätzen Betel als Anregungsmittel. Über die Langzeitfolgen regelmäßigen Betelkauens liegen keine Untersuchungen vor.*

Betel

Ein Betelbissen zum Kauen aus Areca-Nuss, Betelblatt, Kalk und (meist) Gambir-Extrakt musste traditionell Gästen unbedingt zur Begrüßung angeboten werden.

⇧ **canang;** ⇩ ***basé***	Betelbissen
⇧ **jambé;** ⇩ ***buah***	Areca-Nuss
⇩ ***don basé***	Betelblatt
⇧ **jambé;** ⇩ ***layar***	Extrakt von *Uncaria Gambir*
⇧ **apuh;** ⇩ ***pamor***	Kalk
⇧ **ngajengan canang;** ⇩ ***naar basé***	Betel kauen

Flirt & Liebe

Bali ist die Insel der Götter, der Dämonen und des Lächelns. Dass die freundlich geschwungenen Mundwinkel auch Anlass für Missverständnisse sein können, liegt auf der Hand.

⇧ **Kayun māmargi sareng-sareng?**
⇩ ***Nyak mājalan bareng-bareng?***
wünschen gehen zusammen
Wollen wir zusammen gehen?

⇧ **Jero ayu pisan.**
⇩ ***Ragané jegég pesan.***
Sie/Du schön sehr
Sie sind / Du bist sehr schön.

⇧ **Titiang lédang *ngajak* ayu.**
⇩ ***Tiang demen ngajak gég.***
ich mögen auffordern Mädchen
Ich möchte mit dir zusammensein.

⇧ **Titiang asih ring Jero.**
⇩ ***Tiang tresnā tekén ragané.***
ich lieben gegenüber dir
Ich liebe dich.

⇧ **Sampun mādué pepacangan?**
⇩ ***Subā ngelah gegélan?***
bereits besitzen Freund(in)
Hast Du schon eine(n) Freundin/Freund?

In Bali wird viel mehr gelächelt als bei uns. Man lächelt aus Freundlichkeit. Man lächelt aus Ängstlichkeit. Man lächelt aus Verlegenheit. Man überbrückt eine schwierige Situation mit Lächeln. Europäer neigen dazu Lächeln auch als Annäherungsversuch zu deuten. Aber gerade das bedeutet es fast nie.

⇧ ***Mācandā* wantah.**
⇩ ***Mācandā dogén.***
scherzen nur
Das war nur Spaß!

⇧ **Bénjang dados titiang ring jeron Jeroné.**
⇩ **Buin *mani dadi tiang kā umah Ragané.***
(noch) morgen dürfen ich nach Haus Ihr
Darf ich morgen zu Dir kommen?

⇧ **Ampurā titiang medal bénjang.**
⇩ ***Aksamā tiang pesu* buin *mani.***
verzeihen ich auswärts (noch) morgen
Tut mir Leid, ich bin morgen nicht da.

⇧ **Inggih bénjang-bénjangan.**
⇩ **Inggih *mani-manian.***
gewiss morgen-übermorgen
Morgen, morgen, nur nicht heute.

Mani-manian *will in der Regel sagen: Niemals! So erteilt man eine Abfuhr ohne verletzend zu wirken.*

⇧ **Mriki simpang.**
⇩ ***Mai singgah.***
herkommen besuchen
Doch ja, komm (bei uns) vorbei

⇧ **Jantosang malih ajebos.**
⇩ ***Antiang buin akecep.***
warten noch Moment
Warte mal einen Moment.

⇧ **Sampunang ngédalam mābaos.**
⇩ ***Edā lek ngraos.***
nicht-tun scheu sprechen
Habe keine Scheu zu sprechen.

Fauxpas: Ärger

Es ist in Bali unüblich schlechte Worte zu benutzten, laut zu werden oder überhaupt Unmut zu zeigen. In einem Lokal in Ubud wurde ein Gast unverschämt laut, weil er einige Zeit aufs Essen warten musste. Die Bedienung verzog keine Miene, ergriff aber die Vase auf seinem Tisch, entfernte die Blume und bedient ihn nicht mehr.

⇩ ***Bukā goaké ngadanin ibané!***
wie Krähe-die rufen-Name eigen-seins
Wer angibt, hat's nötig!

⇩ ***Bukā naar krupuké, gedénan munyi!***
wie essen Krabbencracker-der, zu-groß Ton
Großer Mund, nichts dahinter!

⇩ ***Nyangut!***
sich-verhalten-wie-Sangut
(komische Schattenspielfigur)
Wendehals!

Es gibt noch einige negative Ausdrücke, die selten zu hören sind und in der Regel auch nicht angewendet werden sollten:

⇧ **Idā jadmā linyok.**
⇩ ***Iā jelmā bogbog.***
er Mensch Lüge
Er ist ein Lügner.

⇧ **Asu tambetan.**
⇩ ***Cicing belogan.***
Hund dumm-mehr
Dummer Hund!

⇧ **Punapi awinan idā bendu ring titiang**
was Grund er wütend gegenüber ich
⇩ ***Ngudiang ia gedeg tekén tiang***
warum er wütend gegenüber ich
Warum zürnt er mir?

⇧ **Sampunang bendu.**
⇩ ***Edā gedeg/pedih.***
nicht-tun zornig
Sei nicht wütend.

⇧ **Niki iwang.**
⇩ ***Ené pelih.***
dies Fehler
Das ist falsch.

Der schwerste Vorwurf überhaupt in Bali:

⇧ **Solahné kaon pisan.**
⇩ ***Tingkahné jelék sajan.***
Benehmen-seins schlecht sehr
Sein Benehmen ist miserabel.

Literaturempfehlungen

Nur wenig Literatur über die Sprache Balis ist zu finden und dann auch meist nur auf Indonesisch in Indonesien.

Bali pocket dictionary, N. Shadeg – *das Heftchen mit 1000 Wörtern (Englisch – Indonesisch – Balisprachen) ist hilfreich (in Bali zu bekommen)*

Bali sekala & Niskala, Volume II, Fred B. Eiseman, Singapur 1990 – *das englischsprachige Buch enthält ausführliche und aufschlussreiche Artikel über Eigenheiten der Bali-Sprachen*

Panitia Penyusun Kamus Bali -Indonesia: Kamus Bali – Indonesia, Denpasar 1978 – *hervorragendes Werk mit ausführlichen Erklärungen. Verbindliche Schreibweise der Bali-Sprachen*

Bahasa Bali, J. Kersten, Ende Flores 1980 – *ebenfalls ein gutes Lexikon mit großem, etwas komplizierten grammatischen Teil*

Kamus Bahasa Bali, Bali-Indonesia, Indonesia-Bali, Sri Reshi Anandakusuma, Bali 1986 – *kleines aber nützliches Taschenlexikon*

Die Schattenwelt Indonesiens – wayang als Weg zum Verständnis der Menschen auf Bali, Java und Lombok, Günter Spitzing, asu poleng Hamburg 2002, ISBN 3-935553-01-3 – *das Buch geht auf Begriffe des Schattenspiels und Namen aus den großen Hindu-Epen ein*

Titi Basa Bali – *so heißen die in Bali erscheinenden Schulhefte für die Kinder ab der 3. Klasse. Die einfachen Texte eignen sich durchaus zum Üben.*

Diese Bücher und Schriften sind nicht über den Reise Know-How Verlag erhältlich. Bitte wenden Sie sich an Ihre Buchhandlung!

In Denpasar escheinen außerdem seit 1992 bei der Usada Sastra *Hefte mit dem Titel* Kamus Bali Indonesia. *Es sind Klein-Lexika über Spezialgebiete, wie z. B. die Herstellung von Opfern, die Tempelarchitektur oder die Heilkunst.*

Wörterliste Deutsch - basā Bali

In der ersten Wörterliste stehen fast immer mindestens zwei balische Entsprechungen für deutsche Begriffe. Die in gerader Schrift ist respektsprachlich und die in kursiver Schrift volkssprachlich. Bei Tätigkeitswörtern steht – wenn vorhanden – eine abweichende Grundform in Klammern hinter der Entsprechung in basā Bali.

A

Abend wengi; *peteng*
aber (sa)kéwanten; *(sa)kéwalā*
Abkürzung cendekang; *bontokang*
Absicht pāngapti; *tetujon/tuju*
abstammen māwit
Abstammung (kā)wit
abzielend auf *nuju (tuju)*
Adresse linggih; *alamat*
Affe wenarā; *bojog*
Ahnenreihe kāwitan
alle sami; *makejang/padā*
also asapuniki; *kéné*
alt *tuā;* lingsir
Alter (Lebens-) yusā; *tuuh*
alt sein māyusā; *mātuuh*
anders lian/tios; *lén*
Anfang pāngāwit; *pānyumu*
anfangen ngāwitin; *nyumunin*
ankommen rauh; *tekā*
Antwort (pa)saur; *(pā)saut*
antworten māsaur; *māsaut*
anziehen (Kleidung) (ng)anggé; *(ng)anggo*
Arbeit kariyā; *gaé*
arbeiten mākaryā; *māgaé*
arm/Armut miskin; *tiwas*
Arm tangan; *limā*
Arznei tambā; *ubad*
Asche *au*
auffordern *ngajak*
aufhalten, sich mālinggih; *nongos*
Auge pānyingakan; *matā*
Augenblick bitte! malih ajebos; *buin akejep*
aus (bestehend) *aji*
ausleihen nyelang (selang); *nyilih (silih)*
Ausscheidung *kebotan*
außen jabā
äußerst singgih
Auto *montor/mobil*

B

Baby *raré*
baden māsiram; *manjus (panjus)*
Badestelle pānyiraman/béji; *pākayehan*
Bank (Sitz) pālinggihan; *tegak(an)/kursi*
Baum wit; *punyan/kayu*
beabsichtigen jagi; *lakar*
beenden māmarian; *mārérén*
begießen siram/nyiram; *siam/nyiam*
Beginn pāngāwit; *pānyumu*
beginnen ngāwitin; *nyumunin*
beinhalten mādaging; *misi*
Beispiel tetiladan; *tuladan*
belästigen *(n)gulgul*
Benehmen solah; *tingkah*
beobachten *mātingalin*
bereits sampun; *subā*
Berg giri; *gunung*
bergwärts kaler; *kajā*
besichtigen nyingakin (cingak); *ningalin (tingal)*

Besitz dué; *(pā)gelah(an)*
besitzen mādué; *ngelah*
bestehend aus *aji*
bestellen *mābesen (besen)*
besuchen simpang; *singgah*
betrachten nyingak (cingak); *ningal (tingal)*
betteln gegendong; *ngidih-ngidih*
Bettler *anak ngidih-idih*
Bezug auf, in indik; *unduk*
bezüglich nganggé; *tekén*
Bild *gambar(an)*
billig murah; *mudah*
Bitte pinunas; *pāngidih*
bitten nunas; *ngidih*
Blatt daun; *don*
bleiben linggih; *tongos*
Blume sekar; *kembang*
Blut rah; *getih*
breit (Gesicht) nyampuah
bringen baktā/maktā; *ngabā/abā*
Brüste nurojā; *nyonyo*
Buch kitap; *buku*
Buchstabe aksarā; *sastrā*
Bund/Bindung *iket*
bunt pancawarnā; *brunbun*
Bus *motorbis*

C

Chili pedes(an)/pepedes; *tabiā/cabé*

D

dabei sein sareng; *bareng*
dahinter ungkur; *uri*
damit mangdā; *apang*
Dämonen butā-kalā
danke matur suksmā
dasselbe banding; *padā/samā*
dazu janin; *tekén*
deswegen (sa)wiréh; *ento kranā / kéto*
Deutsch Jerman
dies(e/r) (pu)niki; *(e)né*
Dorf *désā*
Dorn *dui*
dort irikā/drikā; *kemā/ditu*
dorthin mrikā/merikā; *kemā*
draußen jabā
Dreitagewoche triwarā
duftend arum; *miik*
dumm tambet; *belog*
dürfen kéngin/dados/wenang; *dadi/mesti*
durstig kāsatan; *bedak*

E

eben inunian; *tuni/itunian*
Edelstein manik
Ehepartner rabi; *kurenan*
eigen *diri /ibā*
Eigentum dué; *(pā)gelah(an)*
ein bisschen akedik(-akedik); *abedik(-abedik)*
eine Weile jebos; *kejep*
einfach dangan; *aluh*
einladen *ngajak*
einmal (schon) naénin; *taén*
einsam *sepi*
eintreten ngāranjing (ranjing) / m(e)riki; *mācelep (celep) / mai*
Elefant *gajah*
Elektrizität *strum*
Elfenbein *dantā*
Ende *pānadian*
eng cupek; *cupit*
entschuldigen ampurayang (ampurā); *ngaksamā (aksamā)*
Entschuldigung pamit
erbitten nunas; *ngidih*
Erdboden *lemah*
Erfolg haben *mupu*
Ergebnis *pānadian*
erhalten polih; *maan/bisā*
erhitzen *māluat*

Erkältung *paad*
erklären sinahang/nyinahang; *mastian*
Erlaubnis sugrā; *tabé/tabik*
erleichtern mākoratan/mākébot; *meju*
Ernte *pāmupon/pāmupu*
Erscheinung warnā; *gobā*
erst dumun; *malu*
erwachsen duur(-duur); *kelih*
erzählen nutur(in); *māsatuā*
Erzählung (kā)tutur(an); *satuā*
essen ngajeng (ajeng) / ngrayunan; *mādaar/naar*
Essen rayunan/ajengan; *daar/nasi*
Essenz (Wesen) sari
etwa *sawatarā*
etwas kedik; *bedik*

F

Fackel sundih; *damar*
Faden *benang/lawé*

fähig (klug) wikan; *dueg*
fähig sein *nyidaang*
fahren (mit) ngālinggihin; *negakin (tegak)*
Fahrrad *sepédā*
fallen runtuh; *labuh*
Familie kulawargā; *nyamā-brayā*
fangen *ngejuk (ejuk)*
Farbe warni; *warnā/gobā*
farbig sein māwarnā
Farbstoff cét
faul/Faulheit mayus; *lekig*
Fehler iwang; *pelih*
feiern (Zeremonie) ngodalin
feilschen *nawah (tawah)*
fein alus
fern doh; *joh*
fertig puput; *prakat*
Feuer geni; *api*
fliegen *mākeber*
Fluss luah; *tukad*
fordern ngedih (edih); *ngidih (idih)*
Forderung pinunas; *pāngidih*
Form warnā; *gobā*
fortfahren *(ngā)lanturang (lantur)*
Foto *potrékan*
fotografieren *motrék/potrék*
Frage patakén; *pātakon*
fragen mātakén; *mātakon (takon)*
Frau istri; *luh*
fressen *ngamah*
Freund(in) sawitrā; *timbal*
Freund(in), romantische(r) pāpacangan; *gegélan*
Friede shanti
früher *pidan*
füllen nagingin; *ngisinin*
für ring; *téken*
für (nach) jagi; *lakar*
Fuß cokor; *batis*

G

Garten kebonan; *abian*
Gast *tamiu*
Gebäude *wewangun*an
geben (ng)icén; *baang/maang*
gebrauchen nganggén; *nganggon*
Gecko *cekcek*
gefallen seneng; *demen*
Gefühl kayun; *ati*
gegen jagi; *lakar*
geheim niskalā
gehen māmargi/lungā; *mājalan/luas*
Gehöft *pākarangan*
gekocht *lablab*
Geld jinah; *(pi)pis*
gelingen *nyidaang*
Gemälde *(ge)gambaran*
Gemüse jangan; *jukut*
genug jangkep; *nyandang*
gerade eben wau; *marā*
Geräusch suarā; *munyi*
Geschäft (Business) *usahā*
Geschichte (Erzählung) tuturan; *satuā*
Geschwister semeton; *nyamā*
Gesicht prarai; *muā*
Gespräch baos; *raos*
gestern ring *dibi; dibi*
gesund kénak; *seger*
gewinnen molih/polih
gewöhnlich lumbrah; *biasā*
gewürzt *mābasā*
gibt es wénten; *adā*
gierig momo; *lobā*
gleich (identisch) banding; *padā*
gleich (Zeit) (a)jebos; *(a)jekep*
Gott déwā; *hyang*
Göttin déwi; *hyang*
Grippe *paad*
grob *kasar*
groß agung/ageng; *gedé*
Grund awinan; *awanan/kranā/wireh*
gut ayu/bagus/becik; *luung/melah*

H

haben ngwéntenang/mādué; *ngadaang/ngelah*
Hahn manuk; *siap muani*
Hahnenkampf *tetajén*
halb *tengah*
Hand tangan; *limā*
handeln (tun) *mālaksanā*
handeln (feilschen) *nawah (tawah)*
hässlich kaon; *jelék*
häufig sering/pepes; *sai-sai*
Haus *umah*
Haut *kulit*
heilen (jmd.) tambanin/nambanin; *(ng)ubadin*
Heiler Dukun; *Balian*
heiraten mārabi; *mākurenan*
heiß anget; *kebus/panes*
heißen māwastā; *mādan*
helfen *tulung*

hell sinah; *lemah*
hereinkommen (besuchen) simpang; *singgah*
herkommen mriki; *mai*
Herrscher ksatriā
Herz kayun; *ati*
heute nuju rahinā; *nuju dinā*
hier iriki; *dini*
Hilfe *tulungan*
Hilfe erbitten *ngidih tulungan*
hinausgehen (nach draußen) medal; *pesu*
Hindernis sunkawā/bédā; *pialang/alangan*
hingehen lungā; *luas*
hinschauen *mātingalin*
hoch (ring) duur; *tegeh*
hoffen aptiang (apti)
Höhle *guā/goā*
Holz *kayu*
Honig *madu*
Hüftschal *slémpot*
Hüfttuch wastrā/kampuh; *kamben/saput*
Hund asu; *cicing*
hungrig lué; *seduk*
Hütte *pondok*

I

Imbissstand *warung*
immer sekayang; *tetep*
Inhalt daging; *isi*
Insel *nusā*
Insel (größere) *pulo/pulinā*
Inselchen *gili*
intelligent wikan; *dueg*

J

Jahr warsā/taun; *tiban*
jährlich tibanā; *ngatiban*
je(mals) naénin; *taén*
jede(r/s) sanangken; *sabilang*
jene(r/s) (pu)nikā; *(en)to*
jetzt (rahinané) mangkin; *(dinané) jani*
jung welakā; *mudā*
Jungfrau anom; *daā*

K

kalt *dingin*
Kamera *kodak*
Katze méng; *méong*
kaufen tumbas/numbas; *beli/meli*
Kilometer *kilométer*
Kind okā; *p(i)anak*
Kind haben *manak*
klar (hell) galang
klar (sicher) janten; *karoan*
klar (deutlich) sinah; *lemah*
Kleidung panganggé; *panganggo*
klein alit; *cenik/cerik*
klug wikan; *dueg*
Kokosnussschale *kau (karu)*
kommen rauh; *tekā*
König(in) ratu
können (sollen) polih; *maan/bisā*
können (vermögen) *sidā/nyidaang*
Kopf prabu/duur; *sirah/tendas*
Krähe gagak; *goak*
krank sungkan; *gelem*
Küche pāweragan; *paon*
Kuh banténg; *sampi*
kühn purun; *bani*
kurz cendek; *bawak*

L

Lampe pijat; *pijét/sentir*
Land *negarā*
lange sué; *makelo*
langsam alon; *adéng*
Lava lahar
lecker becik; *jaen*
Leder *kulit*
lehren māguru; *ngajahin*
leicht dangan; *aluh*
leihen nyelang (selang); *nyilih (silih)*
lieben asih; *tresnā*
lieben (mögen) lédang; *demen*
links kiwā; *kebot*
Loch *bolong*
Lotos padmā; *tunjung*
Lüge linyok; *bogbog*
lügen nglinyokin; *mogbog*

M

Mädchen anom; *daā*
mal ping; *pang*
malen (Bild) *ngambar (gambar)*
mangeln kirang; *kuang*
Mann/männlich lanang; *muani*
Markt pasar; *peken*
Markttag pāsaran; *pekenan*
Maske (Holz-) tapel; *topéng*

Material (Stoff) *bakal*
Meer segarā; *pasih/lod*
Meister *tukang*
Mensch jadmā/*wong*; *anak/jelmā*
Meter *méter*
mieten nyelang (selang); *nyilih (silih)*
mit nganggé; *nganggon/ajak*
mitbringen (mā)baktā/maktā; *mābā/ngabā/abā*
miteinander sareng-sareng; *bareng-bareng*
Mittag rahinā; *lemah*
Mitte *tengah*
mittels nganggé; *nganggon*
mögen lédang/lilā/kayun/sukā; *demen/nyak*
möglicherweise *edā-edā*
Moment malih ajebos; *buin akejep*
Moment, einen (a)jebos; *(a)jekep*
Monat candrā/sasih; *bulan*
morgen bénjang; *buin mani*
Morgen/morgens semeng; *semengan*
Moskito *legu*
Moskitonetz langsé; *klambu*
Motorrad *motor*
müde lesu; *oon/kenyel*
Müdigkeit kāleson
Münze jinah; *(pi)pis*
Museum museum
müssen wenang; *mesti*
Mutter biang; *mémé/ibu*

N

nach ring; *kā*
Nachmittag sandé/soré; *sanjā*
nachmittags (spät) lingsir
Nachricht orti; *gatrā/ortā/kabar*
nächst(e/r) ajeng; *arep*
Nacht wengi; *peteng*
Nadel *jaum*
nahe (Entfernung) nampek/tampek; *paek*
nahe sein māsanding (sanding)
nähen *jait/māpepes (pepes)*
Name wastā; *adan*
natürlich *mulan/mulā*
nehmen (ng)ambil/(ng)anggén; *nganggon juang/nganggon nyuang*
nennen ngāwastanin; *ngadanin/madan*
nerven *ngulgul/gulgul*
neulich inunian; *tuni/itunian*
Neumond *tilem*
niedrig sor; *betén*
noch malih/kantun; *buin/(e)nu*
noch nicht durung; *tondén/kondén*
noch nie durung naénin; *tondén taén / sing taén*
notwendig perlu; *buat*
nur wantah; *tuah/dogén*

O

oben ring duur; *tegeh*
obwohl yadiastu; *yadiapin/ diapi*
öde *sepi*
oder utawi; *wiadin*
öffnen (Tür/Fenster) ampakang; *ngampakang*
öffnen (Tüte/Kiste/Kleid) *ngagah (gahgah)*
oft sering; *pepes/sai-sai*
Opfer pujā
Opfergaben banten
opfern bantenang
Orchester gambelan
Ort linggih; *tongos*
Ortsteil *banjar*
Ozean samudrā

P

Palmwein sajeng; *tuak*
Pavillon (offen) *balé*
Pavillon (Opfer) *piasan*
Pfad *rurung*
Pferd kudā; *jaran*
Platz linggih/pālinggihan; *tongos*
Preis pangaji; *aji*
Priester Pedandā
Problem kandā

Q/R

qualmen *mākupuk (kupuk)*
Rat tutur(an); *satuā*
rau *kasar*
Rauch asep; *andus*
Rechnung *itungan*

rechts tengen; *tengawan*
Regen sabeh; *ujan*
Regenzeit masā sabeh; *masā ujan*
rein (ordentlich) *ias*
rein (unbefleckt) nirmalā; *suci*
Reise margā/margi; *jalan*
reisen māmargā/māmargi; *mājalan*
Reisfeld carik; *umā*
Religion agamā/darmā
Restaurant *restoran*
Richtung pāngapti; *tetujon/tuju*

S

Satz *lengkarā*
scharf (Schnitt) landep; *mangan*
scharf (gewürzt) pedes; *lalah*
Schattenspiel(figur) ringgit; *wayang*
Schattenspieler Dalang
schätzen seneng; *demen*
scherzen *mācandā*
scheu ngédalam; *lek*
Schirm payung; *pajeng*
schlafen mākolem (kolem); *pules*
Schlange ulā; *lelipi*
Schlange (mythisch) nagā
schlecht kaon; *corah/jelék*
Schmuck *pepāyasan*
schmücken *māyasin*
Schmutz *kebotan*
schnell gelis; *énggal*
schon sampun; *subā*
schön (Ding) asri
schön (Wesen) ayu; *jegég*
schwätzen mābaos; *ngraos/mākrunā*
Schwester semeton; *nyamā*
schwierig abot/méweh; *ketil/kéweh*
See *danu*
sehen manggihin (panggih) / nyingak/cingakin (cingak); *nepukin (tepuk) / ningal(in) (tingal)*
sehr pisan; *sajan/pesan*
sei astu
sein (gibt es) wénten; *adā*
selbst *ibā/diri*
setzen, sich ngālinggihin; *negakin*
sicher (gewiss) janten; *pasti/musti/sinah/karoan*
sichtbar sekalā
Sitz linggih/pālinggihan; *tongos*
sitzen (Auto/Fahrrad) mālinggih; *negak (tegak)*
Skorpion alicā; *t(e)ledu*
so asapunikā/asapuniki; *kéto/kéné*
soeben wau; *marā*
sofort (a)jebos; *(a)kejep*
Sohn putrā; *anak (lanang)*
sollen polih; *maan/bisā*
Sonne suryā; *(matan) ai*
Sprache *basā*
Sprache sprechen *mābasā*
sprechen ngraos; *mākrunā*
sprechen (über) *nutur (tutur)*
Sprichwort *paribasā*
Staat *negarā*
Stamm (Holz) wit; *punyan*
Stein watu; *batu*
Stelle linggih; *tongos*
still *sepi*
stimmt patut; *beneh*
Stockwerk (Meru) *tumpang*
Stockwerke haben *mātumpang*
Stoff *bakal*
Störung alangan; *bédā*
Straße margi; *jalan*
Strom *strum*
Stuhl pālinggihan; *tegak(an)/ kursi*
Stunde *jam*
suchen ngrereh (rereh); *ngalih (alih)*

T

tabu (heilig) *tenget*
Tag rahinā; *dinā/wai*
Taschenlampe pijat; *sentir/pijét*
tatsächlich patut; *beneh*
Taxi (Bemo) *bemo*
teilen bagi/magi; *pah/ngepah*
Tempel kāyangan; *purā*
Tempelpriester *Pāmangku/ Mangku*
Terminal *pānambangan*
teuer *mael*
Theaterspiel (Panji) *arjā*
Theaterspiel (Ramayana) *wayang wong*
tief sor; *betén*
Tier sato; *buron*
Tisch *méjā*
Tochter putri; *anak (luh)*

Toilette *W.C./kamar kecil*
Ton suarā; *munyi*
tragen (Kleidung) (ng)anggé; *(ng)anggo*
treffen manggihin (panggih); *nepukin (tebuk)*
trennen *nglénang*
trinken ngajengang; *nginem*
Trockenzeit masā galang; *masā panés*
Tourist *turis/tamiu*
tun *mālaksanā*

U

übernachten mākolem (kolem); *nginep*
üblich lumbrah; *biasā*
umschauen, sich mācingakin
und miwah; *muah/lan*
und (mit) nganggé/janin; *tekén*
und noch malihā; *buinā/tur*
und so weiter miwah sané lianan; *muah ané lénan*
ungefähr *sawatarā*
unrein (rituell) malā
unsichtbar niskalā
unten ring sor; *di betén*
unterschiedlich sios ring; *bedā (tekén)*
Urin warih; *enceh*
urinieren māwarih; *ngenceh*
Ursache awinan; *kranā/awanan*
Ursprung wit/kāwit

V

Vater aji; *bapā/pak*
verabschieden pamit
Veranda *émpér*
verdeutlichen sinahang/ nyinahang
Vereinigung *sekā*
vergangen *lantas*
verglichen mit banding ring; *padaang tekén*
verheiratet mārabian; *mākurenan*
verkaufen ngadol/adol; *ngadep/adep*
Verkaufserlös *madepan*
verkauft mādol; *mādep*
vermindert werden juangin; *kuangin*
verrückt *édan*
verschieden sios ring / lian/tios; *bedā (tekén) /lén*
verschieden (sein) (mā)tiosan
verspotten *(ng)uluk-uluk*
versuchen ngindayang (indayang); *negarang (tegarang)*
verursachen ngawinang; *mākranā/ngawanang*
verzeihen ampurayang (ampurā); *ngaksamā (aksamā)*
Verzeihung sugrā; *tabé/tabik*
viel akeh; *liu*
Vogel paksi; *kedis*
vollendet puput; *prakat*
Vollmond purnamā; *purnacandrā*
von saking; *uli*
von hier saking iriki; *uli dini*
vor (räumlich) ring ajeng; *di arep / ring arep*
vorbei lintang; *liwat*
Vorfahren betarā-betari; *kāluuran*
vorher dumun; *malu*
vorsichtig yatnā; *tangar*

W

wahr patut; *beneh*
während daweg; *duk*
Wald wanā/taru; *alas*
wann (Vergangenheit) ring pidan; *pidan*
wann (Zukunft) malih pidan; *(buin) pidan*
warm anget; *kebus/*panes
warten ngantosang (jantosang); *ngantiang (antiang)*
warum sapunapi; *kénkén/nguda/ngudiang*
was napi/punapi; *apā*
Wasser toyā; *yeh*
Wasserbüffel *kebo*
Weg margā/margi; *jalan*
wegen awinan; *kranā/awanan*
weiblich istri; *luh*
Weihwasser tirta
weit doh; *joh*
welch(e/r/s) sané (encén); *encén/ané*
Welt jagat; *gumi*
Weltall buwanā
wenig kirang/kedik; *kuang/bedik*

weniger kirangan; *kuangan*
wenn yéning; *lamun*
wenn (dann) yéning; *yan/yén*
wer sirā; *nyen*
werden/wollen (Absicht) jagi/pacang; *lakar/bakal*
weshalb sapunapi; *kénkén*
weswegen punapi awinan; *apakranā*
wie viel akudā/kudang-kudang; *kudā*
wie viele akudang; *kudang*
wie sākadi/sapunapi; *bukā/kénkén*
Wirbelwind *slaung*
wissen (können) uning; *nawang/tawang*
wo ring dijā; *dijā*
Woche wuku; *uku*
woher saking dijā; *uli dijā*
wohin lungā kijā; *kijā*
wohnen mālinggih; *nongos*
wollen (werden) jagi/pacang; *lakar/bakal*
Wort pajar; *krunā*
Wunsch pāngapti/pinunas; *tetujon/tuju/pāngidih*
wünschen aptiang (apti)
wütend dukā/bendu; *pedih/gedeg*

Z

Zahl nomor; *ankā*
Zahn untu; *gigi*
zeigen nyinahang/sinahang; *ngédéngang*
Zeit masā; *kalā*
Zeremonie *upakarā*
Ziel pāngapti; *tetujon/tuju*
Zimmer *rong*
zu (viel) *bas/bes*
zu wenig (Nahrung) kāsatan
zum Markt gehen māmasar; *māmeken*
zu(m) ring; *kā*
Zucker gendis; *gulā*
zurückkehren budal; *mulih*
zurückziehen *nyepi*
zusammen sareng(-sareng); *bareng(-bareng)*
zustimmen *nuju (tuju)*
zuvor dumun; *malu*
Zwerghirsch *kancil*

Wörterliste basā Bali – Deutsch

A

abā bringe!, bringen, mitbringen, mitnehmen, verursachen
abā-abaan (allerlei) Sachen, die gebracht werden
abaangā Mitgebrachtes
abanā (es) wird gebracht
abang rot
abedik(-abedik) ein bisschen/wenig
abian Garten
abot schwierig
adā sein, es gibt
adan Name
adéng langsam
adep verkaufen, verkaufe!
adol verkaufen, verkaufe!
adol-adolan Zeug zum Verkaufen
agamā Religion
ageng/agung groß
ai Sonne
ajak mit
ajebos sofort, einen Moment
ajeng nächste/-s/-r, bei
ajengan Essen, Trinken, Reisgericht
aji Vater, Lehrer, Geheimwissenschaft in Lontarbüchern, Anrede für gleichaltrige/ältere Männer
aji Preis, bestehend aus, gemacht aus
akedik(-akedik) ein bisschen/wenig
akeh viel(e)
akejep sofort, einen Moment, gleich
aksamā Verzeihung, verzeihen Sie
aksarā Buchstabe
akudā wie viel
akudang wie viele (Stücke), so viel
alā schlecht, unschön
alamat Adresse
alangan Störung, Hindernis
alas *Wald*
alicā Skorpion
alih(ang) suche, such (Dir aus)!
alit *klein*
alon langsam
aluh einfach, leicht
alus fein, edel (Sprache, Benehmen)
ambil nehmen
ampak öffne!
ampakang öffnen (Tür oder Fenster)
ampurā Verzeihung, verzeihen Sie
ampurayang (ampurā) verzeihen, entschuldigen
anak Mensch, Kind, Sohn, Tochter
anak jabā nicht zur Triwangsā gehörende Person
anak lanang Sohn
anak luh Tochter
anak ngidih-idih Bettler
andus Rauch
ané welch(e/r/s), was
ané lénan welche anders/verschieden ist
ané suba liwat was bereits vergangen ist
anget warm
Anggarā Dienstag (Mars)
anggé kleiden/bekleiden
anggén nehmen
anggo kleiden
anggon nehmen
ankā Zahl
anom Mädchen, Jungfrau
apā etwas, was
apakranā weswegen, aus welchem Grund
apang damit, muss
api Feuer
aptiang wünschen, hoffen
arahinā ein Tag
arak Reisschnaps
arep nach, nächste/-s/-r
arjā Theaterspiel (Panji Geschichte)
arum duftend, wohlriechend
asapunapi wie
asapunikā so
asapuniki so, also
asep Rauch
asih lieben
asik eins
asri schön, prächtig (Dinge)
asta acht (Sanskrit, rituell)
astā Elle (Spanne zwischen kleinem Finger und Daumen)
astawarā Achttagewoche
astu sei, möge sein (rituell)

asu Hund
ati Herz, Gefühl
au Asche
Austria österreichisch, Österreich
awai ein Tag
awanan Grund, Ursache, wegen, aus dem Grunde
awinan Grund, Ursache, wegen, aus dem Grunde
ayam luh Henne
ayam muani Hahn
ayu gut, herrlich, schön (Lebewesen)
Ayu Anrede für Brahmanā-Frauen: „Ihre Erhabenheit die Prachtvolle“

B

baang geben
bagi teilen
bagus gut, prächtig, schön, fein
Bagus Anrede für Brahmanā-Männer: „ seine Erhabenheit der Gute“
bakal wollen, werden (Zukunft/Absicht), Stoff, Material
baktanā (es) wird gebracht
baktā bringe!, bringen, mitbringen, herbringen, verursachen
balé offener Pavillon
Balian *Heiler* (ekstatischer Heiler und Weissager)
banding gleich, dasselbe
banding ring verglichen mit
bang rot (Brahmā im Süden)
bani kühn, tapfer verwegen
banjar (selbstverwalteter) Ortsteil
banten Opfergaben (auf Blattgeflechten)
bantenang Opfer darbringen
banténg Kuh
baos Wort, Gespräch, Geschwätz
Bapā Anrede für gleichaltrige und ältere Männer: „Vater“
bapā Vater
barak rot (Brahmā im Süden)
bareng mit, dabei sein, zusammen mit
bareng-bareng alle gemeinsam, gemeinschaftlich
bas zu (sehr)
basā Gewürz
basā alus gehobene Sprachebene
basā biasā einfache Sprachebene
basā Indonesia Indonesisch
basā Inggeris Englisch
basā Jawi Javanisch
basā kasar niedrige Sprachebene
basā Sasak Sasak-Sprache (Lombok)
basé Betelnuss, Opfergabe (die Betelnuss enthält)
batis Fuß
batu Stein
bawi Schwein
bé Fleisch, Fisch
bebaktaan (allerlei) Sachen, die gebracht werden
bébék Ente
becik gut, lecker
bédā Störung, Hindernis, verschieden
bedak durstig
bedā tekén verschieden, unterschiedlich
bedik etwas, wenig
béji Badestelle
beli kaufen
beli-belian Sachen zum Kaufen
belimbing Sternfrucht, Blimbing
belog dumm
bemo Taxi, Bemo
benang Faden
bendu zornig, wütend, verstimmt
beneh tatsächlich, stimmt, wahr
bénjang morgen
bénjang-bénjangan morgen-morgen (nur nicht heute)!
bes zu (zu sehr)
besik eins
betarā-betari vergöttlichte Ahnen, Vorfahren
betari Göttin, Ahnfrau
betén niedrig, tief
biang Mutter
Biang Anrede für gleichaltrige und ältere Frauen: „Mutter“
biasā üblich, gewöhnlich (in Bezug auf Sprache und Sitte)
biru blau
bisā können, sollen, erhalten
biu Banane
bogbog Lüge
bojog Affe
bojog luh Äffin

bolong Loch, gelocht
bontokang Kürze, Abkürzung
brem Reiswein
brunbun bunt
Bu Anrede für gleichaltrige und ältere Frauen: „Mutter"
buah Frucht
buah-buahan Früchte, Obst
buat notwendig, wichtig
bubuh Brei, Pudding
Budā Mittwoch (Merkur)
budal zurückkehren
buin noch
buinā und noch
buin akejep einen Moment/Augenblick noch
buin mani morgen
buin pidan wann (Zukunft)
bukā wie
bukā kéto wenn so
buku Buch
bulan Monat, Saison, Mond
bulih längliches Ding, Zählwort für alles Längliche
buluan Haarfrucht, Rambutan
bungkul rundliches-Ding, Zählwort für „Bauchiges"
buron *Tier*
butā kalā Dämonen
buwanā Weltall, Universum

C

cabé Chili
Cai „Du" für Jungen (sehr grob)
cakepan Heiliges Buch, Lontarbuch
Calon Arang Gottheit, Drama
canang Betel(nuss), Opfergabe mit Betelnuss
candā-candā cicing raufen
candrā Mond, Monat
carik Reisfeld
catur vier (Sanskrit, rituell)
catur déwatā vier Gottheiten (bewachen Haupthimmelsrichtungen)
caturwarā Viertagewoche
cekcek Gecko
céléng Schwein
cendek kurz
cendekang Kürze, Abkürzung
cenik klein
cerik klein
cét Malfarbe, Farbstoff
cicing Hund
cicing poleng bunter Hund
cingakin (cingak) besehen, besichtigen, sehen
cokor Fuß
Cokordā Anrede für Leute, die der Tradition nach herrschen würden: „geehrter Fuß, große Gottheit"
corah unschön, schlecht
cucu Enkelkind
cupek eng
cupit eng

D

dā nicht doch, tu's nicht, sei nicht
daā Mädchen, Jungfrau
daar Speise, Reisgericht
dadi dürfen, erlaubt sein
dadong Großmutter, Anrede für sehr alte Frauen
dados dürfen, erlaubt sein
daging Inhalt
dajā im „Norden
Dalang Schattenspieler
damar Leuchte, Fackel
dané sie (Mehrzahl), er, sie, es
dangan einfach, leicht
dangin im Osten
dantā Elfenbein
danu See
darmā Religion
dasa zehn (Sanskrit, rituell)
Dasamukā Zehngesicht (Beiname des zehnköpfigen Riesen Rawana)
dasawarā Zehntagewoche
dauh an der Westseite von, westlich von, Zeitspanne von 1,5 Stunden zwischen 6–18 Uhr
dauhang nach Westen zu
daun Blatt
daweg während, zur (zeitlich)
delod im „Süden"
demen mögen, schätzen, lieben, Gefallen daran haben
désā Dorf, Ortschaft
Desak Herrin (für Wesiā-Frauen)
déwā Gott, Herr
Déwā Agung Anrede für Männer aus der Ksatriā-Kaste
déwasā besonderer Tag
déwatā Gottheit (männlich)
déwati Gottheit (weiblich)
déwi Göttin
diapi obwohl
di arep vor (räumlich)
di betén unten

dibi gestern
dijā wo, woher
dinā Tag
dinané jani heute, jetzt
dingin kalt
dini hier
diri eigen, selbst (auch als Zählwort für Menschen)
ditu dort
dogén nur
doh fern, weite Distanz
don Blatt
drika dort
duā (duang) zwei
dué Besitz, Vermögen, Eigentum
dueg klug, fähig, intelligent, Bescheid wissen
dui Dorn
dui zwei (Sanskrit, rituell)
duiwarā Zweitagewoche
duk während, zur (zeitl.)
dukā wütend, verstimmt
Dukun *Heiler* (ekstatischer Heiler und Weissager)
dumun zuvor, zunächst, erst
durén Durian
durung noch nicht
durung naénin noch nie
durus bitte, tun Sie das
duur Kopf, hoch, oben
duur-duur erwachsen
dwi zwei (Sanskrit, rituell)
dwiwarā Zweitagewoche

E

edā nicht doch, tu's nicht, sei nicht
edā-edā möglicherweise
édan verrückt
edih erbitten
éka eins (Sanskrit, rituell)
éka dasā elf (Sanskrit, rituell)
ékawarā Eintagwoche
émpér Veranda
émpér-émpér schmutzige Wäsche auf der Leine
enceh Urin
encén welch(e/r,/s)
endog Ei
ené dieser, diese, dies
énggal schnell
ento jener, jene, jenes
ento kranā deswegen
enu noch

G

gadang grün
gading gelb (Mahadewā im Westen)
gaé Arbeit
gagak Krähe
gajah Elefant
galang klar
gambar(an) Bild, Gemälde
gambelan Orchester (vor allem aus Metallofonen)
gatrā Nachricht, Neuigkeit
gedang Papaya
gedé groß
gedeg zornig, wütend
Gég (jegég) Anrede für namentlich unbekannte junge Mädchen: „Schöne"
gegambaran Bild, Gemälde
gegélan Freund(in), Liebste(r)
gegendong betteln
gelah Besitz, Eigentum, haben, besitzen
gelem krank
gelis schnell
gendis Zucker
geni Feuer
getah Saft (in Frucht)
getas Mango
getih *Blut*
gigi Zahn
gili Inselchen
giri Berg
goā Höhle
goak Krähe
gobā Form, Erscheinung, Äußeres, Farbe
gong Gong (Metallofon)
grayunang speisen
griā Haus eines Brahmanā
guā Höhle
gulā Zucker
gulgul nerven, belästigen
gumi Welt
gunung Berg
guru *Lehrer*
Gus (bagus) Anrede für namentlich unbekannte junge Männer: „Guter"
Gusti Herrin, Herr, Anrede für Wesiā

H

hastā Elle (Spanne zwischen kleinem Finger und Daumen)
hyang Gott, Göttin

Wörterliste basā Bali – Deutsch

I

iā er, sie, es
i ragā makejang wir (schließt Angesprochene ein)
ias rein, ordenlich
ibā selbst, eigen
ibu Mutter
icang ich, wir (sehr grob)
icén geben, gib
idā sie (Mehrzahl), er, sie, es
Ida Ayu Anrede für Brahmanā-Frauen: „Ihre Erhabenheit die Prachtvolle“
Ida Bagus Anrede für Brahmanā-Männer: „seine Erhabenheit der Gute“
idih erbitten
iket Bund, Büschel
ikuh Schwanz
indik über, für, in Bezug auf
inem trinken
inggih ja, ist möglich, gewiss, bitte sehr
injin schwarzer Reis
inunian (so)eben, neulich
ipun er, sie, es
ireng schwarz (Wisnu im Norden)
irikā dort
iriki hier
isi Inhalt
istri Frau, weiblich
itungan Rechnung
itunian eben, soeben, neulich
iwang Fehler

J

jabā außen, draußen
jadmā Mensch
jaen lecker
jagat Welt
jagi werden, wollen (Zukunft, Absicht), an, für, gegen, nach, zu
jait nähen
jalan Weg, Reise
jam Stunde
jangan Gemüse
jani jetzt
janin dazu, und
janten sicher, klar, deutlich
jaran Pferd
jatah Fleischspießchen
jaum Nadel, Zeiger
jebos sofort, gleich
jegég schön, reizend (Lebewesen)
jelék schlecht, hässlich
jelmā Mensch
jenar gelb (Mahadewā im Westen)
jengah wütend vor Scham
Jerman Deutsch
Jero Sie/Du (jemand Unbekanntes)
jeroan Haus eines wesiā
jeruk Zitrusfrucht
jinah Geld, Münze
joh fern, weite Distanz
juang nehmen
juangin genommen werden, vermindert werden
jukut Gemüse
juru potrék Fotospezialist
juuk Zitrusfrucht
juuk Bali Pomelo
juuk lengis Zitrone
juuk peres Apfelsine

K

kā zum, zu, zu hin, nach
kābā gebracht (von)
kābaktā gebracht (von)
kabar Nachricht, Neuigkeit
kābeli wird gekauft (von)
kābeliang gekauft werden
kādep wird verkauft (von)
kādol wird verkauft (von)
kajā bergwärts (heilvolle Richtung: in Südbali Nord, in Buleleng Süd)
kajānan bergwärts gelegen
Kajeng 3. Tag Dreitagewoche
kaki(ang) Großvater, verehrter alter Mann
kalā Monat, Jahr, Zeit, Monsunperiode, Saison
kaler bergwärts (heilvolle Richtung: in Südbali Nord, in Buleleng Süd)
kāleson Müdigkeit
kalih zwei
kāluuran vergöttlichte Ahnen, Vorfahren
kamben Hüfttuch
kampuh Hüfttuch, über dem *kamben* getragen
kancil Zwerghirsch
kangin Osten
kanginan östlich gelegen
kantun noch
kaon schlecht, hässlich
kārauhan vorübergehende Besessenheit, Trance

kariyā Arbeit
karoan sicher, klar, deutlich
kasar grob, rau, ungehobelt
kāsatan durstig; zu wenig (Nahrung) um zu servieren), nicht reichen
kāsurupan vorübergehende Besessenheit, Trance
kates Papaya
kātumba wird gekauft (von)
kātumbasang gekauft werden
kātuturan Erzählung, Geschichte
kau (karu) Kokosnussschale
kauh Westen
kāwit Ursprung, Abstammung
kāwitan (Gemeinschaft der) Ahnen
kāyangan Tempel
kayu Holz, Baum
kayun Herz, Gefühl, mögen, wollen, schätzen
kebo (schwarzer) Wasserbüffel
kebonan Garten
kebot links
kebotan Ausscheidung, Schmutz, Fäkalien
kebus warm
kedik etwas, wenig
kedis Vogel
kedis-kedisan Vögel, Vogelwelt
kejep sofort, gleich, einen Moment
kekayonan Wayang-Lebensbaum
kekuā Schildkröte
kelapā Kokosnuss
kelih erwachsen
kelod zum Meer, seewärts (unheilvolle Richtung: in Südbali Süd, in Buleleng Nord)
kelodan meerwärts gelegen
kemā dort(hin)
kembang Blume
kenā getroffen
kénak gesund
kéné also, so
kéngin werden, sein, mögen, dürfen, es geht
keni getroffen
kénkén wie, was, aus welchem Grund, warum, weshalb
kenyel müde, ermattet
ketil schwierig
kéto so
kewalā aber
kéwanten aber, nur
kéweh schwierig
kidul zum Meer, seewärts (unheilvolle Richtung: in Südbali Süd, in Buleleng Nord)
kijā wohin
kilométer Kilometer
kirang wenig, es mangelt an
kirangan weniger, zu wenig
kitap Buch
kiwā links
klambu Moskitonetz
klapā Kokosnuss
Kliwon 5. Tag Fünftagewoche
kocap ist angeordnet, wird gesagt
kodak Kamera
kondén noch nicht
koné ist angeordnet, wird gesagt
kopi Kaffee
kranā Grund, Ursache, wegen, aus dem Grunde
krunā Wort
krunā kasar grobe Sprache
Ksatriā Fürst, Herrscherkaste
kuang wenig, es mangelt
kuangan weniger, zu wenig
kuangin weggenommen werden, vermindert werden
kudā Pferd
kudā wie viel
kudang wie viele, so viel
kudang-kudang wie viel
kulawargā Familie
kulit Haut, Leder
kulkul Schlitztrommel aus Holz (aus Baumstamm)
kulon Westen
kuning gelb (Mahadewā im Westen)
kurenan Ehefrau, Ehemann (Ehepartner)
kursi Stuhl

L

lablab gekocht
labuh fallen, herunterfallen
lahar Lava
lakar werden, wollen (Zukunft, Absicht), an, für, gegen, nach, zu
lakon aber
laksanā Tun, Handlung
lalah scharf (gewürzt)
lamun wenn

lanang männlich, Mann
landep scharf (schneidend)
langsé Moskitonetz
lantas geradewegs, vergangen
lanturang fortsetzen, fortfahren mit
lawé Faden
lédang lieben, schätzen, mögen, Gefallen daran finden
legu Moskito
lek scheu, verlegen
lek ati beschämt
lekig faul, Faulheit
lelipi Schlange
lemah Mittag, mittags, hell, klar, deutlich, Erdoberfläche
lén anders, verschieden
lénan welche anders/ verschieden ist
lengis Öl
lengkarā Satz
lesu müde, ermattet
lilā mögen, schätzen, lieben, Gefallen daran finden
limā Hand, Arm
limā (limang) fünf
limbak weit ausgedehnt
linggih Adresse, Platz, Ort
lingsir alt, abendlich
lintang vorbei
linyok Lüge
liu viel(e)
liwat vorbei
lobā gierig
lod Meer
lombéng weit ausgedehnt
lontar cakepan Lontar-Palmblatt-Buch
luah Fluss
luas sich begeben, gehen, aufbrechen, hinkommen
lué hungrig
luh Frau, weiblich
lumbrah üblich, gewöhnlich (in Bezug auf Sprache/Sitte!)
lungā gehen, hinkommen, sich begeben, aufbrechen
lungā kijā wohin
luung gut, herrlich, schön

M

maan können, sollen, erhalten, fähig sein
maang geben
mābā mitgebracht
mābaktā mitgebracht
mābaos sprechen, schwätzen, tratschen
mābasā gewürzt, Sprache sprechen
mābeli gekauft
mābesen (besen) bestellen
mācandā scherzen
mācandā-candā Späße machen, herumspielen, lustig sein
mācelep (celep) eintreten in
mādaar essen
mādaging beinhalten, mit
mādan heißen
mādaun blättrig seiend
mādep verkauft
madepan Verkaufserlös
mādéwasā „die Gunst der Stunde nutzen", einen guten Tag für etwas ausnutzen
madiā Mitte, in der Mitte
mādol verkauft
mādon blättrig seiend
madu Honig
mādué haben, besitzen
māduegain sich klug verhalten
madui dornig sein
mael teuer, kostspielig
māgaé arbeiten
magi teilen
māguru lehren
mai eintreten, reinkommen, Komm rein, bitte!
māideran rings umher
mājalan reisen, gehen, aufbrechen
mājinah Geld enthaltend
mākaryā arbeiten
mākeber fliegen
mākébot sich erleichtern
makejang alle
makelo lange, lange Zeit
mākolem übernachten, schlafen
mākoratan sich erleichtern
mākranā verursachen
mākrunā sprechen, schwätzen, tratschen
maktā bringen, mitbringen, mitnehmen, verursachen
maktaang jmd. etw. bringen lassen, etwas mitgeben
mākupuk (kupuk) qualmen
mākurenan heiraten, verheiratet
malā befleckt
malih noch
malihā und noch
malih ajebos Moment noch! Augenblick noch bitte!
malih pidan wann (Zukunft)

mālinggih sitzen, ein- oder aufsteigen, sich aufhalten, bleiben, wohnen
malu vorher, zuvor, erst
māluat sieden, erhitzen
māmargā reisen, gehen, aufbrechen
māmargi reisen, gehen, aufbrechen
māmasar zum Markt gehen
māmeken zum Markt gehen
manak (ein) Kind haben
manas Ananas
mangan scharf (schneidend)
mangdā damit, muss
manggihin (panggih) sehen, treffen, finden
mangis Mangostin
mangkin jetzt
Mangku Tempelpriester
manik Edelstein
mani-manian morgen-morgen (nur nicht heute)!
manjus (panjus) baden
manuk (großer) Hahn, Gockel
māpepes (pepes) nähen
māpipis Geld enthaltend
marā soeben, gerade eben
mārabi heiraten
mārabian verheiratet
māraria n beenden
mārérén beenden
margā Weg, Reise
margi Weg, Reise
markisah Passionsfrucht
mārong Zimmer haben
masā Monat, Jahr, Zeit, Monsunperiode, Saison
***masā* galang** Trockenzeit
māsanding (sanding) nahe (beieinander) sein
masā panés Trockenzeit
masā sabeh Regenzeit
māsatuā erzählen
masā ujan Regenzeit
māsaur antworten
māsaut antworten
māsiram baden
mastian einem klar machen, erläutern
matā Auge
mātakén fragen
mātakon (takon) fragen
matan ai Sonne
mātingalin beobachten
mātiosan verschieden (sein)
mātumbas gekauft
mātumpang Stockwerke habend
matur (atur) sprechen, ausdrücken
matur suksmā danke
mātuuh Alter haben, alt sein
māwarih urinieren
māwarnā farbig sein
māwarni-warni verschiedenfarbig sein
māwastā Name haben, heißen
māwit abstammen
māyasin schmücken
māyusā Alter haben, alt sein
mayus faul, Faulheit
medal nach außen, ausgehen
méjā Tisch
meju sich erleichtern
Mék Anrede für gleichaltrige und ältere Frauen
melah gut
meli kaufen, erwerben
meliang kaufen lassen
mémé Mutter, Anrede für gleichaltrige/ältere Frauen
méng Katze
méong Katze
mérang wütend vor Scham
merikā dorthin
meriki eintreten, hereinkommen, Komm rein, bitte!
meru pagodenähnlicher Sitz einer Gottheit aus Holz
mesti müssen, dürfen
méter Meter
méweh schwierig
miik duftend, wohlriechend
minā Fisch, Fleisch
minggu Siebentagewoche
mingsiki Vetter, Base
minyak Öl
misan Vetter, Base
misi beinhaltet, mit
miskin arm, Armut
miwah und
miwah sané lianan und so weiter
mobil Auto
mogbog lügen, schwindeln
molih gewinnen
momo gierig
montor Auto
motor Motorrad
motorbis Bus
motrék fotografieren
mrikā dorthin
mriki eintreten, hereinkommen, Komm rein, bitte!

muā Gesicht
muah und
muah ané lénan und so weiter
muani Mann, männlich
mudā jung
mudah billig, preisgünstig
mulan gewiss, natürlich
mulih zurückkehren
munyi Ton, Geräusch, Laut
mupu Erfolg haben, erfolgreich sein
murah billig, preisgünstig
musti Spanne zwischen Daumen und kleinem Finger, sicher, gewiss

N

naar essen
naénin je, jemals, einmal
nagā Schlange (mythische)
nah ja, ist möglich
nambanin jemanden heilen
nampek nahe
nanas Ananas
nanging aber
nangingin füllen
nangka Jackfruit
napi was, etwas
nasi Speise, Reisgericht
nawa neun (Sanskrit, rituell)
nawa déwatā neun Gottheiten (bewachen neun Himmelsrichtungen)
nawah (tawah) handeln
nawang (tawang) wissen, können (Sprache)
nawawarā Neuntagewoche
né dieser, diese, dies
negak (tegak) sitzen, ein-, aufsteigen (Fahrzeug)
negakin sich auf etwas setzen; fahren mit
negarā Land, Staat
negarang (tegarang) versuchen
nenas Ananas
nengen weiße Magie treiben, die Rechte benutzen
nénten nein, nichts, nicht, kein
nepukin (tepuk) finden, sehen, treffen
ngabā (abā) bringen, mitbringen, mitnehmen, verursachen
ngabaang jmd. etw. bringen lassen, etw. mitgeben
ngadaang haben
ngadanin nennen, Namen rufen
ngadep verkaufen
ngadepang veranlassen zu verkaufen
ngadol verkaufen
ngadolang veranlassen zu verkaufen
ngaé jukut Gemüse zubereiten
ngajahang nach „Norden" (bergwärts) zu
ngajahin lehren
ngajak auffordern, einladen, ermuntern, Anreiz schaffen
ngajeng (ajeng) essen, trinken
ngajengan essen, trinken
ngaksamā (aksamā) verzeihen, entschuldigen
ngalablab Gemüse kochen
ngālanturang fortsetzen, fortfahren mit
ngalih (nach etwas) suchen, sich umtun (nach)
ngālinggihin sich auf etwas setzen, fahren mit
ngamah fressen
ngambar (gambar) malen (Bild)
ngambil nehmen
ngampakang öffnen (Tür oder Fenster)
nganggé (anggé) tragen (Kleidung), anziehen
nganggén und, mit, von, an, zu, bezüglich, gebrauchen, nehmen, mittels
nganggo (anggo) tragen (Kleidung), anziehen
nganggon gebrauchen, nehmen, mit, mittels
nganginang nach Osten zu
ngantiang (antiang) warten
ngantosang (jantosang) warten
ngāranjing (ranjing) eintreten
ngatiban jedes Jahr, jährlich
ngāwastanin nennen, Namen rufen
ngawanang verursachen
ngawinang verursachen
ngāwitin anfangen,beginnen
ngédalam scheu, verlegen
ngédéngang zeigen, verdeutlichen, erklären
ngedih bitten, wünschen, fordern (von Gleichstehenden)

ngejuk (ejuk) fangen
ngelah haben, besitzen
ngelodang nach „Süden" (meerwärts) zu
ngenceh urinieren
ngepah teilen
ngicén (icén) geben
ngider (ider) herumschweifen, herumgehen
ngidih bitten, wünschen, fordern (von Gleichstehenden)
ngidihang bitten, erbitten (von einem Höherstehenden)
ngidih-ngidih betteln
ngidih tulungan Hilfe erbitten
ngindayang (indayang) versuchen
nginem trinken
nginep übernachten
ngisinin füllen
ngiwā schwarze Magie treiben, die Linke benutzen
nglanturang (lantur) fortfahren, geradeaus gehen
nglénang trennen
nglinyokin lügen, schwindeln
ngodalin feiern (Jahresfest)
ngonkong bellen
ngraos sprechen, schwätzen
ngrayunan speisen, essen
ngrereh (rereh) suchen, sich umtun (nach)
ngubadin jemanden heilen
nguda warum
ngudiang warum
ngulgul nerven, belästigen
nguluk-uluk verspotten
ngwéntenang haben
nikā jener, jene, jenes
niki dieser, diese, dies
ningal (tingal) sehen, besehen
ningalin besehen, besichtigen, sehen
nini Großmutter, Anrede für sehr alte Frauen
nirmalā unbefleckt (rituell)
niskalā unsichtbar, geheim
njantosang (jantosang) warten
nomor Zahl
nongos bleiben, wohnen, sich aufhalten
nu noch
nuju (tuju) abzielend auf, zustimmen
nuju dinā dieser Tag, heute
nuju rahinā dieser Tag, heute
nulungin bitte helfen
numbas kaufen, erwerben
numbasang kaufen lassen
nunas (tunas) bitten, erbitten, wünschen (von einem Höherstehenden)
nurojā Brüste, Euter
nusā Insel
nusā déwatā Götterinsel Bali
nutur (tutur) sprechen, sprechen über
nuturin erzählen
Nyai Du (für kleine Mädchen, sehr grob)
nyak mögen, wollen, schätzen
nyamā Bruder, Schwester, Geschwister
nyamā makejang Ihr
nyamā-brayā Familie
nyambu Rosenapfel, Jambu
nyampuah breit und klar
nyangut opportunistisch (und feige) sein
nyelang (selang) leihen, mieten, borgen
nyelangin jemand bitten etwas entleihen zu dürfen
nyen wer
nyepi sich zurückziehen, Fest zu Anfang des Sakā-Jahres
nyiam begießen
nyidaang fähig sein, gelingen, können, vermögen
nyilih (silih) ausleihen, borgen, mieten
nyilihin jemand bitten etwas entleihen zu dürfen
nyinahang zeigen, verdeutlichen, erklären
nyingak (cingak) sehen besehen, besichtigen
nyiram begießen
nyonyo Brüste, Euter
nyuang nehmen
nyuh Kokosnuss
nyumu(nin) (jumu) beginnen, anfangen

O

odalan Jahresfeier der Geburt/Tempelgründung, Zeitspanne von sechs Balimonaten
okā Kind
Om shanti shanti shanti Göttlicher Friede Friede Friede! (Gruß auf Sanskrit für besondere Anlässe)

Wörterliste basā Bali – Deutsch

Om swastyastu! Göttliches Heil sei! (Gruß auf Sanskrit für besondere Anlässe)
oon müde
oopin helfen
ortā Nachricht, Neuigkeit
orti Nachricht, Neuigkeit
oton Jahresfeier der Geburt/Tempelgründung
otonan Jahresfeier der Geburt/Tempelgründung, Zeitspanne von sechs Balimonaten

P

paad Grippe, Erkältung
pacang wollen, werden (Zukunft)
pacangan Bräutigam
padā gleich, dasselbe, alle
padaang tekén verglichen mit
padā tekén gleich, dasselbe wie, ist gleich
padmā Lotos (vier- und achtblättrige Darstellungen als „Modelle" des Kosmos)
padolan Urkunde für Landverkauf
paek nahe
pah teilen
pajar Wort
pajar alus singgih höhere Form der gehobenen Sprachebene
pajar alus sor niedrigere Form der gehobenen Sprachebene
pajeng Schirm
pak Vater
pākayehan Badestelle
paksi Vogel
pamit Entschuldigung, Erlaubnis zum Gehen, nein danke
pānadian (dadi) Ergebnis, Erfolg, Ende
pānambangan Terminal
panca fünf (Sanskrit, rituell)
pancawarā Fünftagewoche
pancawarnā bunt
pancoran sprudelndes Bad
pang mal
pangaji Preis
pāngapti Richtung, Absicht, Wunsch, Ziel
pādéwasan Lehre von den günstigen Tagen
pāgelahan Besitz, Eigentum
pākarangan Gehöft
pākurenenan Familie
pālinggihan Platz, Sitz, Stuhl, Bank
Pāmangku Tempelpriester
pāmupon Erfolg (landwirtschaftlicher Art)
pāmupu Erfolg (landwirtschaftlicher Art)
pānengen weiße Magie
pāngāwit Anfang, Beginn
pāngidih Bitte, Wunsch, Forderung
Pāngiwā „Linkerei", schwarze Magie, linke (unheilvolle) Seite
pānjumu Beginn, Ursprung
pānumbas Kaufgeld
pānyingakan Auge
pānyiraman Badestelle
pānyumu Anfang, Beginn
paon Küche, Herd, Zählwort für Haushalte/Familien
paribasā Sprichwort
Pasah 1. Tag Dreitagewoche
pasar Markt
pāsaran Markttag (in Bali alle drei Tage)
pasaur Antwort
pāsaut Antwort
pasih Meer
pasti sicher
pat (petang) vier
patakén Frage
pātakon Frage
patut tatsächlich, stimmt, wahr
pāwaregan Küche, Herd
pāwintenan Weihe für heilige Schriften
payung Schirm
Pedandā Brahmanenpriester
pedes scharf (gewürzt), Chili
pedih zornig, wütend
pekak Großvater, Anrede für sehr alte Männer
peken Markt
pelih Fehler
pelung blau
pepacangan Freund(in), Liebste(r)
pepāyasan Schmuck
pepes häufig, oft, genäht, geheftet
perlu notwendig, wichtig
pesan sehr
pesu nach draußen, ausgehen
petak weiß (Iswarā im Osten)
peteng Nacht, Abend

Peteng 2. Tag Dreitagewoche
petis nicht ausgereiftes Obst in Fischbrühe
pialang Hindernis
pianak Kind
piasan Pavillon für Opferablage
pidan früher, vormals, wann (Zukunft/Vergangenheit)
pijat Lampe, Taschenlampe
pijét Lampe, Taschenlampe
ping mal
Ping 2. Tag Fünftagewoche
pinunas Bitte, Forderung
pipis Geld, Münze
pis Geld, Münze
pis bolong chinesische Lochmünze
pisan sehr
pisang Banane
pitik Ente
poh Mango
polih können, sollen, fähig sein, erhalten, gewinnen
Pon 3. Tag Fünftagewoche
pondok Hütte
potrék fotografieren
potrékan Foto
prabu Kopf
prakat vollendet, beendet
prarai Gesicht
pujā Opfer
pules schlafen
pulinā Insel (größere)
pulo Insel (größere)
punapi etwas, was
punapi awinan weswegen, aus welchem Grund
punikā jener, jene, jenes
puniki dieser, diese, dies
punyan Baum, Stamm
purā Tempel
puri Haus eines satriā
purnacandrā Vollmond
purnamā Vollmond
purun kühn, tapfer, verwegen
puput vollendet, fertiggestellt, beendet
putrā Sohn, Kind
putri Tochter
putu Enkelkind, Name des erstgeborenen Kindes
puun Baum, Zählwort für Bäume, Stengel, Stangen

R

rabi Ehefrau, Ehemann (Ehepartner)
Radité Sonntag (Sonne)
Raditiā Sonntag (Sonne)
ragā ich
Ragané Sie bzw. Du (jemand Unbekanntes)
ragā sareng sami wir
rah Blut
rahinā Tag, Mittag, mittags
rahinané mangkin heute, jetzt
Rai jüngerer Bruder, jüngere Schwester
Rakā älterer Bruder, ältere Schwester
raksasā Riesendämon
raksasi Riesendämonin
rambutan Haarfrucht, Rambutan
raos Wort, Gespräch, Geschwätz
raré Säugling, Baby
raris bitte, tun Sie das
rarisang bitte sehr
ratu König, Königin
rauh kommen, ankommen
rereh suche, such (dir aus)!
rerehang suche, such (dir aus)!
ring zum, zu, zu hin, nach
ring ajeng vor (räumlich)
ring arep vor (räumlich)
ring dibi gestern
ring *dijā* wo
ring duur hoch, oben
ringgit Schattenspiel, Schattenspielfigur
ring *madīā* Mitte, in der Mitte
ring *pidan* wann (Vergangenheit)
ring sor unten
rong Zimmer, Kammer
rujak Salat aus nicht ausgereiftem Obst
runtuh fallen, herunterfallen
rurung Pfad

S

sa- eins
sabeh Regen
sabilang jeder, jede, jedes
sad sechs (Sanskrit, rituell)
sad kāyangan sechs Tempel (auf Bali, von allen Hindus der Insel besucht)
sadwarā Sechstagewoche
sajan sehr
sajeng Palmwein
Sakā Saka-Jahr (355 Tage)
sākadi wie
sakéwalā aber

sakéwanten aber
saking von her
saking dijā von woher
saking iriki von hier
salak Schlangenfrucht, Salak
samā dasselbe
samā-samā bitte sehr
sami alle
sampi Kuh
sampun bereits, schon, fertig
sampunang tu's nicht, sei nicht
samudrā Ozean
sanangken jeder, jede, jedes
sandé Nachmittag
sané welch(e/r/s), was
sané encén welch(e/r/s)
sané sampun lintang was bereits vergangen ist
sané tiosan welche anders/verschieden ist
Sanicarā Samstag (Saturn)
sanjā Nachmittag
santen Kokosmilchcreme
sapta sieben (Sanskrit, rituell)
saptawarā Siebentagewoche
sapunapi wie, was, aus welchem Grund, warum, weshalb
saput Hüfttuch, über dem *kamben* getragen
sareng mit, dabei sein, zusammen mit
sareng-sareng gemeinsam, gemeinschaftlich
sari Essenz, inneres Wesen
sasih Mond, Monat, Saison
sasih sabeh Regenzeit
sastrā Buchstabe
saté Fleischspießchen
sato Tier
Satriā Fürst, Herrscherkaste
satuā Geschichte, Erzählung
saur Antwort, antworte!
saut Antwort, antworte!
sawatarā ungefähr, etwa
sawiréh deswegen, aus diesem Grund
sawitrā Freund(in)
seduk hungrig
segarā Meer
seger gesund
sekā Vereinigung
sekalā sichtbar, offenkundig
sekar Blume
sekayang immer
selem schwarz (Wisnu im Norden)
semeng Morgen, morgens
semengan Morgen, morgens
semeton Bruder, Schwester, Geschwister
semeton sami Ihr
semeton tiangé wir (schließt Angesprochene ein!
seneng schätzen, gefallen
sentir Lampe, Taschenlampe
sepédā Fahrrad
sepi einsam, öde, still
sering häufig, oft
shanti Friede, Seelenfriede
siam begießen
siap Huhn, Hähnchen
siap luh Henne
siap muani Hahn, Gockel
sidā können, vermögen, fähig sein
siki eins
simpang hereinkommen, komm rein!
sinah hell, klar, deutlich, sicher, gewiss
sinahang zeigen, verdeutlichen, erklären
sing nein, nichts, nicht, kein
sing taén noch nie
singgah hereinkommen, komm rein, aufsuchen
singgih äußerst
sios ring verschieden, unterschiedlich
sirā wer
sirah Kopf
siram begießen
slaung Wirbelwind
slémpot Hüftschal
solah Benehmen
Somā Montag (Mond)
sor niedrig, tief
soré Nachmittag
strum Stom, Elektrizität
suarā Ton, Geräusch, Laut
Suasti Heil
subā bereits, schon, fertig
subā mākurenan verheiratet
suci rein, unbefleckt (rituell)
sué lange, lange Zeit
suétā weiß (Iswarā im Osten)
sugrā Verzeihung, Erlaubnis
sukā mögen, schätzen, lieben, Gefallen daran haben
Sukrā Freitag (Venus)
suksmā wohlwollende Absicht
sundih Leuchte, Fackel
sungkan krank
sunkawā Hindernis
surya Sonne, Sonnengott

Swiss Schweizerisch, Schweiz

T

tabé Verzeihung, Erlaubnis
tabiā Chili
tabik Verzeihung, Erlaubnis
taén je(mals), einmal
taji Metallsporn für Hahnenkampf
taluh Ei
tambā Heilmitttel, Arznei
tambanin jemanden heilen
tambet dumm
tamiu Gast, Tourist
tampek nahe
tan nein, nichts, nicht, kein
tangan Hand, Arm
tangar vorsichtig
tani Landmann
tapel Maske (aus Holz)
taru Wald, Baum, Holz
taun Jahr, Richtung
tawang wissen
tegak(an) Stuhl, Bank, Fahrzeug
tegeh hoch, oben
teh Tee
tekā kommen, ankommen
tekén dazu, und, mit, von, an, zu, bezüglich
teledu Skorpion
telu (telung) drei
tendas Kopf
tengah Mitte, halb
tengawan rechts
tengen rechts
tenget tabu, heilig und furchterregend
tetajén Hahnenkampf
tetep immer
tetiladan Beispiel
tetujon Richtung, Absicht, Wunsch, Ziel
tiang ich
tiangé mein, meine, meines
tiban Jahr, Richtung
tibanā Jahr für Jahr
tigang drei
tilem Neumond
timbal Freund(in)
tingkah Benehmen
tios anders, verschieden
tiosan welche anders/verschieden ist
tirta Weihwasser
titiang ich
titiangé mein, meine, meines
tiwas arm, Armut
tledu Skorpion
to jener, jene, jenes
toké Riesengecko
tondén noch nicht
tondén taén noch nie
tongos Platz, Ort, Stelle, Sitz, bleibe!
tongosinā gepflegt werden, versorgt werden
topéng Maske (aus Holz)
toya Wasser
tresnā lieben
tri drei (Sanskrit, rituell)
Triwangsā Drei-Gruppen: Brahmanā, Ksatriā, Wesiā,
triwarā Dreitagewoche
tuā abendlich, alt
tuah nur
tuak Palmwein
tuarā nein, nichts, nicht, kein
tuju Richtung, Absicht, Wunsch
tukad Fluss
tukang Meister
Tukang Banten Meister der Opfergaben
tuladan Beispiel
tulung helfen, hilf!
tulungan Hilfe
tulungin bitte helfen
tumbas kaufen, etwas erwerben
tumpang Stockwerk eines Meru
Tumpek Tag Sanicara Kliwon
Tumpek Krulut Festtag für Klänge
Tumpek Kuningan Festtag für Gottheiten
Tumpek Landep Festtag für Waffen, Metallgeräte, Motorräder, Autos
Tumpek Uyé Festtag für Haustiere
Tumpek Warigā Festtag für Bäume und Früchte
Tumpek Wayang Festtag für Schattenspielfiguren
tunas bitten, wünschen, fordern
tuni eben, soeben, neulich
tunjung Lotusblume (vier- und achtblättrige Darstellungen als „Modelle“ des Kosmos)
tur und, noch, auch noch
turis Turist
tusing nein, nichts, nicht, kein

tutur(an) Rat, Erzählung
tuuh Alter (Lebensalter)

U

uā Onkel (älterer Bruder von bapā oder mémé, Vater oder Mutter).
ubad Heilmitttel, Arznei
ubadin jemanden heilen
ujan Regen
uku Siebentagewoche
ukud „Schwanz", Zählwort für Tiere
ulā Schlange
ulam Fisch, Fleisch
uli von her
uli dijā von woher
uli dini von hier
uluk-uluk verspotten
umā Reisfeld
umah Haus
Umanis 1. Tag Fünftagewoche
unduk Umstand, über etwas, in Bezug auf
ungkalin überragt sein von, darunter sein
ungkur dahinter
uning wissen, können
untu Zahn
upakarā Zeremonie
uri dahinter
usahā Geschäft
utawi oder

W

W.C. Toilette
Wagé 4. Tag Fünftagewoche
wai Tag
wanā Wald
wantah nur
warigā Kalenderlehre über gute und schlechte Tage in Balikalender
warih Urin
warnā Form, Erscheinung, Äußeres, Farbe
warni Farbe
warsā Jahr
warung Essensstand
wastā Name
wastrā Hüfttuch
watu Stein
wau soeben, gerade eben
wayang Schattenspiel, Schattenspielfigur
Wayang 27. Woche des 210-Tage-Jahres
wayang tapel Maskenpantomime
wayang topéng Maskenpantomime
wayang wong Theaterspiel (Mahabharata oder Ramayana)
wedang kopi *Kaffee*
welakā jung
wenang müssen, dürfen
wenarā Affe
wenari Äffin
wengi Nacht, Abend
wénten sein, es gibt
wétan Osten
wewangunan Gebäude
wiadin oder
widiadarā „Himmelsnympherich"
widiadari Himmelnymphe
wikan klug, fähig, intelligent, Bescheid wissen
wilis grün
wireh Grund
wireh kéto deswegen
wit Beginn, Ursprung, Baum, Stamm, Abstammung, Beginn
wit lontar Lontarpalme
woh Frucht
wohwohan Früchte, Obst
wong Mensch
Wraspati Donnerstag (Jupiter)
wuku Siebentagewoche

Y

ya Ja, gewiss
yadiapin obwohl
yadiastu obwohl
yan wenn, wann
yatnā vorsichtig
yeh Wasser
yén wenn, wann
yéning wenn, wann
yusā Alter (Lebensalter)

Der Autor

Wastan titiangé Günter Spitzing. Geb. 1931 in Bamberg, lebe ich in Hamburg und schlage mich als freiberuflicher Buchautor durch. Seit 1979 besuche ich regelmäßig Bali. Ich liebe die Insel und ihre Bewohner. 1988 habe ich ein Studium der Indonesistik, Ethnologie und Religionsgeschichte mit einer MA-Arbeit über das *wayang* Sasak (Lombok) abgeschlossen. Von meinen 8 Büchern über Indonesien sind 4 Bali gewidmet.
1992 gründete ich die bundesweit aktive NGO **DEWI SARASWATI** Hamburg e. V. Wir sichern in Bali einigen Kindern von Opfern des Anschlages vom 12.10.02. eine gute Ausbildung. Unser Schwerpunkt liegt jedoch in Südindien: Wir bauten dort ein Dorf für notleidende Kinder, vor allem Mädchen. Sehr erfolgreich sind wir in der Ausbildung von Kindern der Irular Ureinwohner. Sie sollen in einem modernen Indien gut existieren und zugleich ihre bodenständige Kultur bewahren können. Wir haben gute Ansätze für eine Entwicklungspolitik mit menschlichem Antlitz gefunden.

Es gibt noch viel mehr hungernde Kinder ohne Ausbildungschance. Für sie können wir noch viel mehr tun, wenn uns noch mehr Menschen unterstützen. Infos: www.dewi-saraswati.org, Tel. 040/6013881, Stadtbahnstr. 86, D-22393 Hamburg.